Max Weber

2 Vorträge: Wissenschaft als Beruf + Politik als Beruf

Leseempfehlungen (als Print & e-Book von e-artnow erhältlich)

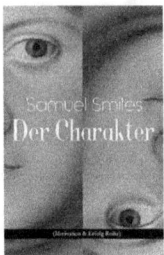

Samuel Smiles
Der Charakter (Motivation & Erfolg Reihe)

Platon
**Gesammelte Werke (36 Titel in einem Buch):** Apologie des Sokrates + Der Staat - Politeia + Das Gastmahl + Alkibiades + ... + Protagoras + Die Briefe und viel mehr

Johann Heinrich Pestalozzi
Wie Gertrud ihre Kinder lehrt (Pädagogische Methoden)

Karl Marx
Das Kapital

Platon
Hippias minor + Hippias maior

Max Weber
Gesammelte Schriften: Sozialgeschichte und Wirtschaftsgeschichte: Agrarverhältnisse im Altertum + Die sozialen Gründe des Untergangs ... (Staats- und Privatrecht) und mehr

Max Weber
Zur Geschichte der Handelsgesellschaften im MittelalterRömisches und heutiges Recht + Die seehandelsrechtlichen Sozietäten + Die ...des Constitutum Usus + Florenz

Max Weber
Agrarverhältnisse im AltertumDie Agrargeschichte: Mesopotamien + Aegypten + Israel + Hellas + Der Hellenismus + Rom + Grundlagen der Entwicklung in der Kaiserzeit

Arthur Schopenhauer
Eristische Dialektik: Die Kunst, Recht zu behalten: Kunst des Streitens, Kunst des Disputierens

Karl Philipp Moritz
ABC-Buch (Lesebuch für Kinder mit Illustrationen)

*Max Weber*

## 2 Vorträge: Wissenschaft als Beruf + Politik als Beruf

e-artnow, 2018
ISBN 978-80-268-5673-3

# Inhaltsverzeichnis

Wissenschaft als Beruf　　　　　　　　　　　　　　　　　　　　13

Politik als Beruf　　　　　　　　　　　　　　　　　　　　　　31

## Über dieses Buch

*Wissenschaft als Beruf* und *Politik als Beruf* waren zwei Vorträge, die Max Weber im Rahmen einer vom Freistudentischen Bund veranstalteten Vortragsreihe »Geistige Arbeit als Beruf« 1917 und 1919 im Kunstsaal der Münchner Buchhandlung Steinicke hielt.

**Über den Autor**

Max Weber (1864-1920) gilt als Klassiker der Soziologie und der Kultur- und Sozialwissenschaften. Er nahm mit seinen Theorien und Begriffsdefinitionen großen Einfluss auf die sogenannten Speziellen Soziologien, insbesondere auf die Wirtschafts-, die Herrschafts- und die Religionssoziologie.

Zu seinen bekanntesten, noch heute gelesenen Werken gehören der Aufsatz *Die protestantische Ethik und der Geist des Kapitalismus* sowie die Vorträge *Wissenschaft als Beruf* und *Politik als Beruf*.

# Wissenschaft als Beruf

Ich soll nach Ihrem Wunsch über »Wissenschaft als Beruf« sprechen. Nun ist es eine gewisse Pedanterie von uns Nationalökonomen, an der ich festhalten möchte: daß wir stets von den äußeren Verhältnissen ausgehen, hier also von der Frage: Wie gestaltet sich Wissenschaft als Beruf im materiellen Sinne des Wortes? Das bedeutet aber praktisch heute im wesentlichen: Wie gestaltet sich die Lage eines absolvierten Studenten, der entschlossen ist, der Wissenschaft innerhalb des akademischen Lebens sich berufsmäßig hinzugeben? Um zu verstehen, worin da die Besonderheit unserer deutschen Verhältnisse besteht, ist es zweckmäßig, vergleichend zu verfahren und sich zu vergegenwärtigen, wie es im Auslande dort aussieht, wo in dieser Hinsicht der schärfste Gegensatz gegen uns besteht: in den Vereinigten Staaten.

Bei uns – das weiß jeder – beginnt normalerweise die Laufbahn eines jungen Mannes, der sich der Wissenschaft als Beruf hingibt, als »Privatdozent«. Er habilitiert sich nach Rücksprache und mit Zustimmung des betreffenden Fachvertreters, auf Grund eines Buches und eines meist mehr formellen Examens vor der Fakultät, an einer Universität und hält nun, unbesoldet, entgolten nur durch das Kolleggeld der Studenten, Vorlesungen, deren Gegenstand er innerhalb seiner venia legendi selbst bestimmt. In Amerika beginnt die Laufbahn normalerweise ganz anders, nämlich durch Anstellung als »assistant«. In ähnlicher Art etwa, wie das bei uns an den großen Instituten der naturwissenschaftlichen und medizinischen Fakultäten vor sich zu gehen pflegt, wo die förmliche Habilitation als Privatdozent nur von einem Bruchteil der Assistenten und oft erst spät erstrebt wird. Der Gegensatz bedeutet praktisch: daß bei uns die Laufbahn eines Mannes der Wissenschaft im ganzen auf plutokratischen Voraussetzungen aufgebaut ist. Denn es ist außerordentlich gewagt für einen jungen Gelehrten, der keinerlei Vermögen hat, überhaupt den Bedingungen der akademischen Laufbahn sich auszusetzen. Er muß es mindestens eine Anzahl Jahre aushalten können, ohne irgendwie zu wissen, ob er nachher die Chancen hat, einzurücken in eine Stellung, die für den Unterhalt ausreicht. In den Vereinigten Staaten dagegen besteht das bureaukratische System. Da wird der junge Mann von Anfang an besoldet. Bescheiden freilich. Der Gehalt entspricht meist kaum der Höhe der Entlohnung eines nicht völlig ungelernten Arbeiters. Immerhin: er beginnt mit einer scheinbar sicheren Stellung, denn er ist fest besoldet. Allein die Regel ist, daß ihm, wie unseren Assistenten, gekündigt werden kann, und das hat er vielfach rücksichtslos zu gewärtigen, wenn er den Erwartungen nicht entspricht. Diese Erwartungen aber gehen dahin, daß er »volle Häuser« macht. Das kann einem deutschen Privatdozenten nicht passieren. Hat man ihn einmal, so wird man ihn nicht mehr los. Zwar »Ansprüche« hat er nicht. Aber er hat doch die begreifliche Vorstellung: daß er, wenn er jahrelang tätig war, eine Art moralisches Recht habe, daß man auf ihn Rücksicht nimmt. Auch – das ist oft wichtig – bei der Frage der eventuellen Habilitierung anderer Privatdozenten. Die Frage: ob man grundsätzlich jeden, als tüchtig legitimierten, Gelehrten habilitieren oder ob man auf den »Lehrbedarf« Rücksicht nehmen, also den einmal vorhandenen Dozenten ein Monopol des Lehrens geben solle, ist ein peinliches Dilemma, welches mit dem bald zu erwähnenden Doppelgesicht des akademischen Berufes zusammenhängt. Meist entscheidet man sich für das zweite. Das bedeutet aber eine Steigerung der Gefahr, daß der betreffende Fachordinarius, bei subjektiv größter Gewissenhaftigkeit, doch seine eigenen Schüler bevorzugt. Persönlich habe ich – um das zu sagen – den Grundsatz befolgt: daß ein bei mir promovierter Gelehrter sich bei einem *andern* als mir und anderswo legitimieren und habilitieren müsse. Aber das Resultat war: daß einer meiner tüchtigsten Schüler anderwärts abgewiesen wurde, weil niemand ihm *glaubte*, daß dies der Grund sei.

Ein weiterer Unterschied gegenüber Amerika ist der: Bei uns hat im allgemeinen der Privatdozent *weniger* mit Vorlesungen zu tun, als er wünscht. Er kann zwar dem Rechte nach jede Vorlesung seines Faches lesen. Das gilt aber als ungehörige Rücksichtslosigkeit gegenüber den älteren vorhandenen Dozenten, und in der Regel hält die »großen« Vorlesungen der Fachvertreter, und der Dozent begnügt sich mit Nebenvorlesungen. Der Vorteil ist: er hat, wennschon etwas unfreiwillig, seine jungen Jahre für die wissenschaftliche Arbeit frei.

In Amerika ist das prinzipiell anders geordnet. Gerade in seinen jungen Jahren ist der Dozent absolut überlastet, weil er eben *bezahlt* ist. In einer germanistischen Abteilung z. B. wird der ordentliche Professor etwa ein dreistündiges Kolleg über Goethe lesen und damit: genug –, während der jüngere assistant froh ist, wenn er, bei zwölf Stunden die Woche, neben dem Einbläuen der deutschen Sprache etwa bis zu Dichtern vom Range Uhlands hinauf etwas zugewiesen bekommt. Denn den Lehrplan schreiben die amtlichen Fachinstanzen vor, und darin ist der assistant ebenso wie bei uns der Institutsassistent abhängig.

Nun können wir bei uns mit Deutlichkeit beobachten: daß die neueste Entwicklung des Universitätswesens auf breiten Gebieten der Wissenschaft in der Richtung des amerikanischen verläuft. Die großen Institute medizinischer oder naturwissenschaftlicher Art sind »staatskapitalistische« Unternehmungen. Sie können nicht verwaltet werden ohne Betriebsmittel größten Umfangs. Und es tritt da der gleiche Umstand ein wie überall, wo der kapitalistische Betrieb einsetzt: die »Trennung des Arbeiters von den Produktionsmitteln«. Der Arbeiter, der Assistent also, ist angewiesen auf die Arbeitsmittel, die vom Staat zur Verfügung gestellt werden; er ist infolgedessen vom Institutsdirektor ebenso abhängig wie ein Angestellter in einer Fabrik: – denn der Institutsdirektor stellt sich ganz gutgläubig vor, daß dies Institut »sein« Institut sei, und schaltet darin, – und er steht häufig ähnlich prekär wie jede »proletaroide« Existenz und wie der assistant der amerikanischen Universität.

Unser deutsches Universitätsleben amerikanisiert sich, wie unser Leben überhaupt, in sehr wichtigen Punkten, und diese Entwicklung, das bin ich überzeugt, wird weiter übergreifen auch auf die Fächer, wo, wie es heute noch in meinem Fache in starkem Maße der Fall ist, der Handwerker das Arbeitsmittel (im wesentlichen: die Bibliothek) selbst besitzt, ganz entsprechend, wie es der alte Handwerker in der Vergangenheit innerhalb des Gewerbes auch tat. Die Entwicklung ist in vollem Gange.

Die technischen Vorzüge sind ganz unzweifelhaft, wie bei allen kapitalistischen und zugleich bureaukratisierten Betrieben. Aber der »Geist«, der in ihnen herrscht, ist ein anderer als die althistorische Atmosphäre der deutschen Universitäten. Es besteht eine außerordentlich starke Kluft, äußerlich und innerlich, zwischen dem Chef eines solchen großen kapitalistischen Universitätsunternehmens und dem gewöhnlichen Ordinarius alten Stils. Auch in der inneren Haltung. Ich möchte das hier nicht weiter ausführen. Innerlich ebenso wie äußerlich ist die alte Universitäts*verfassung* fiktiv geworden. Geblieben aber und wesentlich gesteigert ist ein der Universitäts*laufbahn* eigenes Moment: Ob es einem solchen Privatdozenten, vollends einem Assistenten, jemals gelingt, in die Stelle eines vollen Ordinarius und gar eines Institutsvorstandes einzurücken, ist eine Angelegenheit, die einfach *Hazard* ist. Gewiß: nicht nur der Zufall herrscht, aber er herrscht doch in ungewöhnlich hohem Grade. Ich kenne kaum eine Laufbahn auf Erden, wo er eine solche Rolle spielt. Ich darf das um so mehr sagen, als ich persönlich es einigen absoluten Zufälligkeiten zu verdanken habe, dass ich seinerzeit in sehr jungen Jahren in eine ordentliche Professur eines Faches berufen wurde, in welchem damals Altersgenossen unzweifelhaft mehr als ich geleistet hatten. Und ich bilde mir allerdings ein, auf Grund dieser Erfahrung ein geschärftes Auge für das unverdiente Schicksal der vielen zu haben, bei denen der Zufall gerade umgekehrt gespielt hat und noch spielt, und die trotz aller Tüchtigkeit innerhalb dieses Ausleseapparates nicht an die Stelle gelangen, die ihnen gebühren würde.

Daß nun der Hazard und nicht die Tüchtigkeit als solche eine so große Rolle spielt, liegt nicht allein und nicht einmal vorzugsweise an den Menschlichkeiten, die natürlich bei dieser Auslese ganz ebenso vorkommen wie bei jeder anderen. Es wäre unrecht, für den Umstand, daß zweifellos so viele Mittelmäßigkeiten an den Universitäten eine hervorragende Rolle spielen, persönliche Minderwertigkeiten von Fakultäten oder Ministerien verantwortlich zu machen. Sondern das liegt an den Gesetzen menschlichen Zusammenwirkens, zumal eines Zusammenwirkens mehrerer Körperschaften, hier: der vorschlagenden Fakultäten mit den Ministerien, an sich. Ein Gegenstück: wir können durch viele Jahrhunderte die Vorgänge bei den Papstwahlen verfolgen: das wichtigste kontrollierbare Beispiel gleichartiger Personenauslese. Nur selten hat der Kardinal, von dem man sagt: er ist »Favorit«, die Chance, durchzukommen. Sondern in der Regel der Kandidat Nummer zwei oder drei. Das gleiche beim Präsidenten der Vereinigten Staaten: nur ausnahmsweise der allererste, aber: prononcierteste, Mann, sondern meist Nummer zwei, oft Nummer drei, kommt in die »Nomination« der Parteikonventionen hinein und nachher in den Wahlgang: die Amerikaner haben für diese Kategorien schon technisch soziologische Ausdrücke gebildet, und es wäre ganz interessant, an diesen Beispielen die Gesetze einer Auslese durch Kollektivwillensbildung zu untersuchen. Das tun wir heute hier nicht. Aber sie gelten auch für Universitätskollegien, und zu wundern hat man sich nicht darüber, daß da öfter Fehlgriffe erfolgen, sondern daß eben doch, verhältnismäßig angesehen, immerhin die Zahl der *richtigen* Besetzungen eine trotz allem sehr bedeutende ist. Nur wo, wie in einzelnen Ländern, die Parlamente oder, wie bei uns bisher, die Monarchen (beides wirkt ganz gleichartig) oder jetzt revolutionäre Gewalthaber aus *politischen* Gründen eingreifen, kann man sicher sein, daß bequeme Mittelmäßigkeiten oder Streber allein die Chancen für sich haben.

Kein Universitätslehrer denkt gern an Besetzungserörterungen zurück, denn sie sind selten angenehm. Und doch darf ich sagen: der gute *Wille*, rein sachliche Gründe entscheiden zu lassen, war in den mir bekannten zahlreichen Fällen ohne Ausnahme da.

Denn man muß sich weiter verdeutlichen: es liegt nicht nur an der Unzulänglichkeit der Auslese durch kollektive Willensbildung, daß die Entscheidung der akademischen Schicksale so weitgehend »Hazard« ist. Jeder junge Mann, der sich zum Gelehrten berufen fühlt, muss sich vielmehr klarmachen, daß die Aufgabe, die ihn erwartet, ein Doppelgesicht hat. Er soll qualifiziert sein als Gelehrter nicht nur, sondern auch: als Lehrer. Und beides fällt ganz und gar nicht zusammen. Es kann jemand ein ganz hervorragender Gelehrter und ein geradezu entsetzlich schlechter Lehrer sein. Ich erinnere an die Lehrtätigkeit von Männern wie Helmholtz oder wie Ranke. Und das sind nicht etwa seltene Ausnahmen. Nun liegen aber die Dinge so, daß unsere Universitäten, zumal die kleinen Universitäten, untereinander in einer Frequenzkonkurrenz lächerlichster Art sich befinden. Die Hausagrarier der Universitätsstädte feiern den tausendsten Studenten durch eine Festlichkeit, den zweitausendsten Studenten aber am liebsten durch einen Fackelzug. Die Kolleggeldinteressen – man soll das doch offen zugeben – werden durch eine »zugkräftige« Besetzung der nächstbenachbarten Fächer mitberührt, und auch abgesehen davon ist nun einmal die Hörerzahl ein ziffernmäßig greifbares Bewährungsmerkmal, während die Gelehrtenqualität unwägbar und gerade bei kühnen Neuerern oft (und ganz natürlicherweise) umstritten ist. Unter dieser Suggestion von dem unermesslichen Segen und Wert der großen Hörerzahl steht daher meist alles. Wenn es von einem Dozenten heißt: er ist ein schlechter Lehrer, so ist das für ihn meist das akademische Todesurteil, mag er der allererste Gelehrte der Welt sein. Die Frage aber: ob einer ein guter oder ein schlechter Lehrer ist, wird beantwortet durch die Frequenz, mit der ihn die Herren Studenten beehren. Nun ist es aber eine Tatsache, daß der Umstand, daß die Studenten einem Lehrer zuströmen, in weitgehendstem Maße von reinen Äußerlichkeiten bestimmt ist: Temperament, sogar Stimmfall, – in einem Grade, wie man es nicht für möglich halten sollte. Ich habe nach immerhin ziemlich ausgiebigen Erfahrungen und nüchterner Überlegung ein tiefes Misstrauen gegen die Massenkollegien, so unvermeidbar gewiß auch sie sind. Die Demokratie da, wo sie hingehört. Wissenschaftliche Schulung aber, wie wir sie nach der Tradition der deutschen Universitäten an diesen betreiben sollen, ist eine *geistesaristokratische* Angelegenheit, das sollten wir uns nicht verhehlen. Nun ist es freilich andererseits wahr: die Darlegung wissenschaftlicher Probleme so, daß ein ungeschulter, aber aufnahmefähiger Kopf sie versteht, und daß er – was für uns das allein Entscheidende ist – zum selbständigen Denken darüber gelangt, ist vielleicht die pädagogisch schwierigste Aufgabe von allen. Gewiß: aber darüber, ob sie gelöst wird, entscheiden nicht die Hörerzahlen. Und – um wieder auf unser Thema zu kommen – eben diese Kunst ist eine persönliche Gabe und fällt mit den wissenschaftlichen Qualitäten eines Gelehrten ganz und gar nicht zusammen. Im Gegensatz zu Frankreich aber haben wir keine Körperschaft der »Unsterblichen« der Wissenschaft, sondern es sollen unserer Tradition gemäß die Universitäten beiden Anforderungen:

der Forschung und der Lehre, gerecht werden. Ob die Fähigkeiten dazu sich aber in einem Menschen zusammenfinden, ist absoluter Zufall.

Das akademische Leben ist also ein wilder Hazard. Wenn junge Gelehrte um Rat fragen kommen wegen Habilitation, so ist die Verantwortung des Zuredens fast nicht zu tragen. Ist er ein Jude, so sagt man ihm natürlich: lasciate ogni speranza. Aber auch jeden anderen muß man auf das Gewissen fragen: Glauben Sie, daß Sie es aushalten, daß Jahr um Jahr Mittelmäßigkeit nach Mittelmäßigkeit über Sie hinaussteigt, ohne innerlich zu verbittern und zu verderben? Dann bekommt man selbstverständlich jedesmal die Antwort: Natürlich, ich lebe nur meinem »Beruf«; – aber ich wenigstens habe es nur von sehr wenigen erlebt, daß sie das ohne inneren Schaden für sich aushielten.

Soviel schien nötig über die äußeren Bedingungen des Gelehrtenberufs zu sagen.

Ich glaube nun aber, Sie wollen in Wirklichkeit von etwas anderem: von dem *inneren* Berufe zur Wissenschaft, hören. In der heutigen Zeit ist die innere Lage gegenüber dem Betrieb der Wissenschaft als Beruf bedingt zunächst dadurch, daß die Wissenschaft in ein Stadium der Spezialisierung eingetreten ist, wie es früher unbekannt war, und daß dies in alle Zukunft so bleiben wird. Nicht nur äußerlich, nein, gerade innerlich liegt die Sache so: daß der einzelne das sichere Bewußtsein, etwas wirklich ganz Vollkommenes auf wissenschaftlichem Gebiet zu leisten, nur im Falle strengster Spezialisierung sich verschaffen kann. Alle Arbeiten, welche auf Nachbargebiete übergreifen, wie wir sie gelegentlich machen, wie gerade z. B. die Soziologen sie notwendig immer wieder machen müssen, sind mit dem resignierten Bewußtsein belastet: daß man allenfalls dem Fachmann nützliche *Fragestellungen* liefert, auf die dieser von seinen Fachgesichtspunkten aus nicht so leicht verfällt, daß aber die eigene Arbeit unvermeidlich höchst unvollkommen bleiben muß. Nur durch strenge Spezialisierung kann der wissenschaftliche Arbeiter tatsächlich das Vollgefühl, einmal und vielleicht nie wieder im Leben, sich zu eigen machen: hier habe ich etwas geleistet, was *dauern* wird. Eine wirklich endgültige und tüchtige Leistung ist heute stets: eine spezialistische Leistung. Und wer also nicht die Fähigkeit besitzt, sich einmal sozusagen Scheuklappen anzuziehen und sich hineinzusteigern in die Vorstellung, daß das Schicksal seiner Seele davon abhängt: ob er diese, gerade diese Konjektur an dieser Stelle dieser Handschrift richtig macht, der bleibe der Wissenschaft nur ja fern. Niemals wird er in sich das durchmachen, was man das »Erlebnis« der Wissenschaft nennen kann. Ohne diesen seltsamen, von jedem Draußenstehenden belächelten Rausch, diese Leidenschaft, dieses: »Jahrtausende mußten vergehen, ehe du ins Leben tratest, und andere Jahrtausende warten schweigend«: – darauf, ob dir diese Konjektur gelingt, hat einer den Beruf zur Wissenschaft *nicht* und tue etwas anderes. Denn nichts ist für den Menschen als Menschen etwas wert, was er nicht mit *Leidenschaft* tun *kann*.

Nun ist es aber Tatsache: daß mit noch so viel von solcher Leidenschaft, so echt und tief sie sein mag, das Resultat sich noch lange nicht erzwingen läßt. Freilich ist sie eine Vorbedingung des Entscheidenden: der »Eingebung«. Es ist ja wohl heute in den Kreisen der Jugend die Vorstellung sehr verbreitet, die Wissenschaft sei ein Rechenexempel geworden, das in Laboratorien oder statistischen Karthoteken mit dem kühlen Verstand allein und nicht mit der ganzen »Seele« fabriziert werde, so wie »in einer Fabrik«. Wobei vor allem zu bemerken ist: daß dabei meist weder über das, was in einer Fabrik noch was in einem Laboratorium vorgeht, irgendwelche Klarheit besteht. Hier wie dort muß dem Menschen etwas – und zwar das richtige – *einfallen*, damit er irgend etwas Wertvolles leistet. Dieser Einfall aber läßt sich nicht erzwingen. Mit irgendwelchem kalten Rechnen hat er nichts zu tun. Gewiß: auch das ist unumgängliche Vorbedingung. Jeder Soziologe z. B. darf sich nun einmal nicht zu schade dafür sein, auch noch auf seine alten Tage vielleicht monatelang viele zehntausende ganz trivialer Rechenexempel im Kopfe zu machen. Man versucht nicht ungestraft, das auf mechanische Hilfskräfte ganz und gar abzuwälzen, wenn man etwas herausbekommen will, – und was schließlich herauskommt, ist oft blutwenig. Aber, wenn ihm nicht doch etwas Bestimmtes über die Richtung seines Rechnens und, während des Rechnens, über die Tragweite der entstehenden Einzelresultate »einfällt«, dann kommt selbst dies Blutwenige nicht heraus. Nur auf dem Boden ganz harter Arbeit bereitet sich normalerweise der Einfall vor. Gewiß: nicht immer. Der Einfall eines Dilettanten kann wissenschaftlich genau die gleiche oder größere Tragweite haben wie der des Fachmanns. Viele unserer allerbesten Problemstellungen und Erkenntnisse verdanken wir gerade Dilettanten. Der Dilettant unterscheidet sich vom Fachmann – wie Helmholtz über Robert Mayer gesagt hat – nur dadurch, daß ihm die feste Sicherheit der Arbeitsmethode fehlt, und daß er daher den Einfall meist nicht in seiner Tragweite nachzukontrollieren und abzuschätzen oder durchzuführen in der Lage ist. Der Einfall ersetzt nicht die Arbeit. Und die Arbeit ihrerseits kann den Einfall nicht ersetzen oder erzwingen, so wenig wie die Leidenschaft es tut. Beide – vor allem: beide *zusammen* – locken ihn. Aber er kommt, wenn es ihm, nicht, wenn es uns beliebt. Es ist in der Tat richtig, daß die besten Dinge einem so, wie Ihering es schildert: bei der Zigarre auf dem Kanapee, oder wie Helmholtz mit naturwissenschaftlicher Genauigkeit für sich angibt: beim Spaziergang auf langsam steigender Straße, oder ähnlich, jedenfalls aber dann, wenn man sie nicht erwartet, einfallen, und nicht während des Grübelns und Suchens am Schreibtisch. Sie wären einem nur freilich nicht eingefallen, wenn man jenes Grübeln am Schreibtisch und wenn man das leidenschaftliche Fragen nicht hinter sich gehabt hätte. Wie dem aber sei: – diesen Hazard, der bei jeder wissenschaftlichen Arbeit mit unterläuft: kommt die »Eingebung« oder nicht? auch den muß der wissenschaftliche Arbeiter in Kauf nehmen. Es kann einer ein vorzüglicher Arbeiter sein und doch nie einen eigenen wertvollen Einfall gehabt haben. Nur ist es ein schwerer Irrtum, zu glauben, das sei nur in der Wissenschaft so und z. B. in einem Kontor gehe es etwa anders zu wie in einem Laboratorium. Ein Kaufmann oder Großindustrieller ohne »kaufmännische Phantasie«, d. h. ohne Einfälle, geniale Einfälle, der ist sein Leben lang nur ein Mann, der am besten Kommis oder technischer Beamter bliebe: nie wird er organisatorische Neuschöpfungen gestalten. Die Eingebung spielt auf dem Gebiete der Wissenschaft ganz und gar nicht – wie sich der Gelehrtendünkel einbildet – eine größere Rolle als auf dem Gebiete der Bewältigung von Problemen des praktischen Lebens durch einen modernen Unternehmer. Und sie spielt andererseits – was auch oft verkannt wird – keine geringere Rolle als auf dem Gebiete der Kunst. Es ist eine kindliche Vorstellung, daß ein Mathematiker an einem Schreibtisch mit einem Lineal oder mit anderen mechanischen Mitteln oder Rechenmaschinen zu irgendwelchem wissenschaftlich wertvollen Resultat käme: die mathematische Phantasie eines Weierstraß ist natürlich dem Sinn und Resultat nach ganz anders ausgerichtet als die eines Künstlers und qualitativ von ihr grundverschieden. Aber nicht dem psychologischen Vorgang nach. Beide sind: Rausch (im Sinne von Platons »Mania«) und »Eingebung«.

Nun: ob jemand wissenschaftliche Eingebungen hat, das hängt ab von uns verborgenen Schicksalen, außerdem aber von »Gabe«. Nicht zuletzt auf Grund jener zweifellosen Wahrheit hat nun eine ganz begreiflicherweise gerade bei der Jugend sehr populäre Einstellung sich in den Dienst einiger Götzen gestellt, deren Kult wir heute an allen Straßenecken und in allen Zeitschriften sich breit machen finden. Jene Götzen sind: die »Persönlichkeit« und das »Erleben«. Beide sind eng verbunden: die Vorstellung herrscht, das letztere mache die erstere aus und gehöre zu ihr. Man quält sich ab zu »erleben«, – denn das gehört ja zur standesgemäßen Lebensführung einer Persönlichkeit, – und gelingt es nicht, dann muß man wenigstens so tun, als habe man diese Gnadengabe. Früher nannte man dies »Erlebnis« auf deutsch: »Sensation«. Und von dem, was »Persönlichkeit« sei und bedeute, hatte man eine – ich glaube – zutreffendere Vorstellung.

Verehrte Anwesende! »Persönlichkeit« auf wissenschaftlichem Gebiet hat nur der, der *rein der Sache* dient. Und nicht nur auf wissenschaftlichem Gebiet ist es so. Wir kennen keinen großen Künstler, der je etwas anderes getan hätte, als seiner Sache und nur ihr zu dienen. Es hat sich, soweit seine Kunst in Betracht kommt, selbst bei einer Persönlichkeit vom Range Goethes gerächt, daß er sich die Freiheit nahm: sein »Leben« zum Kunstwerk machen zu wollen. Aber mag man das bezweifeln, – jedenfalls muß man eben ein Goethe sein, um sich das überhaupt erlauben zu dürfen, und wenigstens das wird jeder zugeben: unbezahlt ist es auch bei jemand wie ihm, der alle Jahrtausende einmal erscheint, nicht geblieben. Es steht in der Politik nicht anders. Davon heute nichts. Auf dem Gebiet der Wissenschaft aber ist derjenige ganz gewiß keine »Persönlichkeit«, der als Impresario der Sache, der er sich hingeben sollte, mit auf die Bühne tritt, sich durch »Erleben« legitimieren möchte und fragt: Wie beweise ich, daß ich etwas anderes bin als nur ein »Fachmann«, wie mache ich es, daß ich, in der Form oder in der Sache, etwas sage, das so noch keiner gesagt hat wie ich: – eine heute massenhaft auftretende Erscheinung, die überall kleinlich wirkt, und die denjenigen herabsetzt, der so fragt, statt daß ihn die innere Hingabe an die Aufgabe und nur an sie auf die Höhe und zu der Würde der Sache emporhöbe, der er zu dienen vorgibt. Auch das ist beim Künstler nicht anders. –

Diesen mit der Kunst gemeinsamen Vorbedingungen unserer Arbeit steht nun gegenüber ein Schicksal, das sie von der künstlerischen Arbeit tief unterscheidet. Die wissenschaftliche Arbeit ist eingespannt in den Ablauf des *Fortschritts*. Auf dem Gebiete der Kunst dagegen gibt es – in diesem Sinne – keinen Fortschritt. Es ist nicht wahr, daß ein Kunstwerk einer Zeit, welche neue technische Mittel oder etwa die Gesetze der Perspektive sich erarbeitet hatte, um deswillen rein künstlerisch höher stehe als ein aller Kenntnis jener Mittel und Gesetze entblößtes Kunstwerk, – *wenn* es nur material- und formgerecht war, das heißt: wenn es seinen Gegenstand so wählte und formte, wie dies ohne Anwendung jener Bedingungen und Mittel kunstgerecht zu leisten war. Ein Kunstwerk, das wirklich »Erfüllung« ist, wird nie überboten, es wird nie veralten; der einzelne kann seine Bedeutsamkeit für sich persönlich verschieden einschätzen; aber niemand wird von einem Werk, das wirklich im künstlerischen Sinne »Erfüllung« ist, jemals sagen können, daß es durch ein anderes, das ebenfalls »Erfüllung« ist, »überholt« sei. Jeder von uns dagegen in der Wissenschaft weiß, daß das, was er gearbeitet hat, in 10, 20, 50 Jahren veraltet ist. Das ist das Schicksal, ja: das ist der *Sinn* der Arbeit der Wissenschaft, dem sie, in ganz spezifischem Sinne gegenüber allen anderen Kulturelementen, für die es sonst noch gilt, unterworfen und hingegeben ist: jede wissenschaftliche »Erfüllung« bedeutet neue »Fragen« und *will* »überboten« werden und veralten. Damit hat sich jeder abzufinden, der der Wissenschaft dienen will. Wissenschaftliche Arbeiten können gewiß dauernd, als »Genußmittel« ihrer künstlerischen Qualität wegen, oder als Mittel der Schulung zur Arbeit, wichtig bleiben. Wissenschaftlich aber überholt zu werden, ist – es sei wiederholt – nicht nur unser aller Schicksal, sondern unser aller Zweck. Wir können nicht arbeiten, ohne zu hoffen, daß andere weiter kommen werden als wir. Prinzipiell geht dieser Fortschritt in das Unendliche. Und damit kommen wir zu dem *Sinnproblem* der Wissenschaft. Denn das versteht sich ja doch nicht so von selbst, daß etwas, das einem solchen Gesetz unterstellt ist, Sinn und Verstand in sich selbst hat. Warum betreibt man etwas, das in der Wirklichkeit nie zu Ende kommt und kommen kann? Nun zunächst: zu rein praktischen, im weiteren Wortsinn: technischen Zwecken: um unser praktisches Handeln an den Erwartungen orientieren zu können, welche die wissenschaftliche Erfahrung uns an die Hand gibt. Gut. Aber das bedeutet nur etwas für den Praktiker. Welches aber ist die innere Stellung des Mannes der Wissenschaft selbst zu seinem Beruf? – wenn er nämlich nach einer solchen überhaupt sucht. Er behauptet: die Wissenschaft »um ihrer selbst willen« und nicht nur dazu zu betreiben, weil andere damit geschäftliche oder technische Erfolge herbeiführen, sich besser nähren, kleiden, beleuchten, regieren können. Was glaubt er denn aber Sinnvolles damit, mit diesen stets zum Veralten bestimmten Schöpfungen, zu leisten, damit also, daß er sich in diesen fachgeteilten, ins Unendliche laufenden Betrieb einspannen läßt? Das erfordert einige allgemeine Erwägungen.

Der wissenschaftliche Fortschritt ist ein Bruchteil, und zwar der wichtigste Bruchteil, jenes Intellektualisierungsprozesses, dem wir seit Jahrtausenden unterliegen, und zu dem heute üblicherweise in so außerordentlich negativer Art Stellung genommen wird.

Machen wir uns zunächst klar, was denn eigentlich diese intellektualistische Rationalisierung durch Wissenschaft und wissenschaftlich orientierte Technik praktisch bedeutet. Etwa, daß wir heute, jeder z. B., der hier im Saale sitzt, eine größere Kenntnis der Lebensbedingungen hat, unter denen er existiert, als ein Indianer oder ein Hottentotte? Schwerlich. Wer von uns auf der Straßenbahn fährt, hat – wenn er nicht Fachphysiker ist – keine Ahnung, wie sie das macht, sich in Bewegung zu setzen. Er braucht auch nichts davon zu wissen. Es genügt ihm, daß er auf das Verhalten des Straßenbahnwagens »rechnen« kann, er orientiert sein Verhalten daran; aber wie man eine Trambahn so herstellt, daß sie sich bewegt, davon weiß er nichts. Der Wilde weiß das von seinen Werkzeugen ungleich besser. Wenn wir heute Geld ausgeben, so wette ich, daß, sogar wenn nationalökonomische Fachkollegen im Saale sind, fast jeder eine andere Antwort bereit halten wird auf die Frage: Wie macht das Geld es, daß man dafür etwas – bald viel, bald wenig – kaufen kann? Wie der Wilde es macht, um zu seiner täglichen Nahrung zu kommen, und welche Institutionen ihm dabei dienen, das weiß er. Die zunehmende Intellektualisierung und Rationalisierung bedeutet also *nicht* eine zunehmende allgemeine Kenntnis der Lebensbedingungen, unter denen man steht. Sondern sie bedeutet etwas anderes: das Wissen davon oder den Glauben daran: daß man, wenn man *nur wollte*, es jederzeit erfahren *könnte*, daß es also prinzipiell keine geheimnisvollen unberechenbare Mächte gebe, die da hineinspielen, daß man vielmehr alle Dinge – im Prinzip – durch *Berechnen beherrschen* könne. Das aber bedeutet: die Entzauberung der Welt. Nicht mehr, wie der Wilde, für den es solche Mächte gab, muß man zu magischen Mitteln greifen, um die Geister zu beherrschen oder zu erbitten. Sondern technische Mittel und Berechnung leisten das. Dies vor allem bedeutet die Intellektualisierung als solche.

Hat denn aber nun dieser in der okzidentalen Kultur durch Jahrtausende fortgesetzte Entzauberungsprozess und überhaupt: dieser »Fortschritt«, dem die Wissenschaft als Glied und Triebkraft mit angehört, irgendeinen über dies rein Praktische und Technische hinausgehenden Sinn? Aufgeworfen finden Sie diese Frage am prinzipiellsten in den Werken Leo Tolstojs. Auf einem eigentümlichen Wege kam er dazu. Das ganze Problem seines Grübelns drehte sich zunehmend um die Frage: ob der *Tod* eine sinnvolle Erscheinung sei oder nicht. Und die Antwort lautet bei ihm: für den Kulturmenschen – nein. Und zwar deshalb nicht, weil ja das zivilisierte, in den »Fortschritt«, in das Unendliche hineingestellte einzelne Leben seinem eigenen immanenten Sinn nach kein Ende haben dürfte. Denn es liegt ja immer noch ein weiterer Fortschritt vor dem, der darin steht; niemand, der stirbt, steht auf der Höhe, welche in der Unendlichkeit liegt. Abraham oder irgendein Bauer der alten Zeit starb »alt und lebensgesättigt«, weil er im organischen Kreislauf des Lebens stand, weil sein Leben auch seinem Sinn nach ihm am Abend seiner Tage gebracht hatte, was es bieten konnte, weil für ihn keine Rätsel, die er zu lösen wünschte, übrig blieben und er deshalb »genug« daran haben konnte. Ein Kulturmensch aber, hineingestellt in die fortwährende Anreicherung der Zivilisation mit Gedanken, Wissen, Problemen, der kann »lebensmüde« werden, aber nicht: lebensgesättigt. Denn er erhascht von dem, was das Leben des Geistes stets neu gebiert, ja nur den winzigsten Teil, und immer nur etwas Vorläufiges, nichts Endgültiges, und deshalb ist der Tod für ihn eine sinnlose Begebenheit. Und weil der Tod sinnlos ist, ist es auch das Kulturleben als solches, welches ja eben durch seine sinnlose »Fortschrittlichkeit« den Tod zur Sinnlosigkeit stempelt. Überall in seinen späten Romanen findet sich dieser Gedanke als Grundton der Tolstojschen Kunst.

Wie stellt man sich dazu? Hat der »Fortschritt« als solcher einen erkennbaren, über das Technische hinausreichenden Sinn, so daß dadurch der Dienst an ihm ein sinnvoller Beruf würde? Die Frage muß aufgeworfen werden. Das ist nun aber nicht mehr nur die Frage des Berufs *für* die Wissenschaft, das Problem also: Was bedeutet die Wissenschaft als Beruf für den, der sich ihr hingibt, sondern schon die andere: Welches ist der *Beruf der Wissenschaft* innerhalb des Gesamtlebens der Menschheit? und welches ihr Wert?

Ungeheuer ist da nun der Gegensatz zwischen Vergangenheit und Gegenwart. Wenn Sie sich erinnern an das wundervolle Bild zu Anfang des siebten Buches von Platons Politeia: jene gefesselten Höhlenmenschen, deren Gesicht gerichtet ist auf die Felswand vor ihnen, hinter ihnen liegt die Lichtquelle, die sie nicht sehen können, sie befassen sich daher nur mit den Schattenbildern, die sie auf die Wand wirft, und suchen ihren Zusammenhang zu ergründen. Bis es einem von ihnen gelingt, die Fesseln zu sprengen, und er dreht sich um und erblickt: die Sonne. Geblendet tappt er umher und stammelt von dem, was er sah. Die anderen sagen, er sei irre. Aber allmählich lernt er, in das Licht zu schauen, und dann ist seine Aufgabe, hinabzusteigen zu den Höhlenmenschen und sie emporzuführen an das Licht. Er ist der Philosoph, die Sonne aber ist die Wahrheit der Wissenschaft, die allein nicht nach Scheingebilden und Schatten hascht, sondern nach dem wahren Sein.

Ja, wer steht heute so zur Wissenschaft? Heute ist die Empfindung gerade der Jugend wohl eher die umgekehrte: Die Gedankengebilde der Wissenschaft sind ein hinterweltliches Reich von künstlichen Abstraktionen, die mit ihren dürren Händen Blut und Saft des wirklichen Lebens einzufangen trachten, ohne es doch je zu erhaschen. Hier im Leben aber, in dem, was für Platon das Schattenspiel an den Wänden der Höhle war, pulsiert die wirkliche Realität: das andere sind von ihr abgeleitete und leblose Gespenster und sonst nichts. Wie vollzog sich diese Wandlung? Die leidenschaftliche Begeisterung Platons in der Politeia erklärt sich letztlich daraus, daß damals zuerst der Sinn eines der großen Mittel alles wissenschaftlichen Erkennens bewusst gefunden war: des *Begriffs*. Von Sokrates ist er in seiner Tragweite entdeckt. Nicht von ihm allein in der Welt. Sie können in Indien ganz ähnliche Ansätze einer Logik finden, wie die des Aristoteles ist. Aber nirgends mit diesem Bewußtsein der Bedeutung. Hier zum erstenmal schien ein Mittel zur Hand, womit man jemanden in den logischen Schraubstock setzen konnte, so daß er nicht herauskam, ohne zuzugeben: entweder daß er nichts wisse: oder daß dies und nichts anderes die Wahrheit sei, die *ewige* Wahrheit, die nie vergehen würde, wie das Tun und Treiben der blinden Menschen. Das war das ungeheure Erlebnis, das den Schülern des Sokrates aufging. Und daraus schien zu folgen, daß, wenn man nur den rechten Begriff des Schönen, des Guten, oder auch etwa der Tapferkeit, der Seele – und was es sei – gefunden habe, daß man dann auch ihr wahres Sein erfassen könne, und das wieder schien den Weg an die Hand zu geben, zu wissen und zu lehren: wie man im Leben, vor allem: als Staatsbürger, richtig handle. Denn auf diese Frage kam den durch und durch politisch denkenden Hellenen alles an. Deshalb betrieb man Wissenschaft.

Neben diese Entdeckung des hellenischen Geistes trat nun als Kind der Renaissancezeit das zweite große Werkzeug wissenschaftlicher Arbeit: das rationale Experiment, als Mittel zuverlässig kontrollierter Erfahrung, ohne welches die heutige empirische Wissenschaft unmöglich wäre. Experimentiert hatte man auch früher: physiologisch z. B. in Indien im Dienst der asketischen Technik des Yogi, in der hellenischen Antike mathematisch zu kriegstechnischen Zwecken, im Mittelalter z. B. zum Zweck des Bergbaus. Aber das Experiment zum Prinzip der Forschung als solcher erhoben zu haben, ist die Leistung der Renaissance. Und zwar bildeten die Bahnbrecher die großen Neuerer auf dem Gebiete der *Kunst*: Lionardo und seinesgleichen, vor allem charakteristisch die Experimentatoren in der Musik des 16. Jahrhunderts mit ihren Versuchsklavieren. Von ihnen wanderte das Experiment in die Wissenschaft vor allem durch Galilei, in die Theorie durch Bacon; und dann übernahmen es die exakten Einzeldisziplinen an den Universitäten des Kontinents, zunächst vor allem in Italien und den Niederlanden.

Was bedeutete nun die Wissenschaft diesen Menschen an der Schwelle der Neuzeit? Den künstlerischen Experimentatoren von der Art Lionardos und den musikalischen Neuerern bedeutete sie den Weg zur *wahren* Kunst, und das hieß für sie zu gleich: zur wahren *Natur*. Die Kunst sollte zum Rang einer Wissenschaft, und das hieß zugleich und vor allem: der Künstler zum Rang eines Doktors, sozial und dem Sinne seines Lebens nach, erhoben werden. Das ist der Ehrgeiz, der z. B. auch Lionardos Malerbuch zugrunde liegt. Und heute? »Die Wissenschaft als der Weg zur Natur« – das würde der Jugend klingen wie eine Blasphemie. Nein, umgekehrt: Erlösung vom Intellektualismus der Wissenschaft, um zur eigenen Natur und damit zur Natur überhaupt zurückzukommen! Als Weg zur Kunst vollends? Da bedarf es keiner Kritik. – Aber man erwartete von der Wissenschaft im Zeitalter der Entstehung der exakten Naturwissenschaften noch mehr. Wenn Sie sich an den Ausspruch Swammerdams erinnern: »Ich bringe Ihnen hier den Nachweis der Vorsehung Gottes in der Anatomie einer Laus«, so sehen Sie, was die (indirekt) protestantisch und puritanisch beeinflusste wissenschaftliche Arbeit damals sich als ihre eigene Aufgabe dachte: den Weg zu Gott. Den fand man damals nicht mehr bei den Philosophen und ihren Begriffen und Deduktionen: – daß Gott auf diesem Weg nicht zu finden sei, auf dem ihn das Mittelalter gesucht hatte, das wußte die ganze pietistische Theologie der damaligen Zeit, Spener vor allem. Gott ist verborgen, seine Wege sind nicht unsere Wege, seine Gedanken nicht unsere Gedanken. In den exakten Naturwissenschaften aber, wo man seine Werke physisch greifen konnte, da hoffte man, seinen Absichten mit der Welt auf die Spur zu kommen. Und heute? Wer – außer einigen großen Kindern, wie sie sich gerade in den Naturwissenschaften finden – glaubt heute noch, daß Erkenntnisse der Astronomie oder der Biologie oder der Physik oder Chemie uns etwas über den *Sinn* der Welt, ja auch nur etwas darüber lehren könnten: auf welchem Weg man einem solchen »Sinn« – wenn es ihn gibt – auf die Spur kommen könnte? Wenn irgend etwas, so sind sie geeignet, den Glauben daran: *daß* es so etwas wie einen »Sinn« der Welt gebe, in der Wurzel absterben zu lassen! Und vollends: die Wissenschaft als Weg »zu Gott«? Sie, die spezifisch gottfremde Macht? Daß sie das ist, darüber wird – mag er es sich zugestehen oder nicht – in seinem letzten Innern heute niemand im Zweifel sein. Erlösung von dem Rationalismus und Intellektualismus der Wissenschaft ist die Grundvoraussetzung des Lebens in der Gemeinschaft mit dem Göttlichen: dies oder etwas dem Sinn nach Gleiches ist eine der Grundparolen, die man aus allem Empfinden unserer religiös gestimmten oder nach religiösem Erlebnis strebenden Jugend heraushört. Und nicht nur für das religiöse, nein für das Erlebnis überhaupt. Befremdlich ist nur der Weg, der nun eingeschlagen wird: daß nämlich das einzige, was bis dahin der Intellektualismus noch nicht berührt hatte: eben jene Sphären des Irrationalen, jetzt ins Bewußtsein erhoben und unter seine Lupe genommen werden. Denn darauf kommt die moderne intellektualistische Romantik des Irrationalen praktisch hinaus. Dieser Weg zur Befreiung vom Intellektualismus bringt wohl das gerade Gegenteil von dem, was diejenigen, die ihn beschreiten, als Ziel darunter sich vorstellen. – Daß man schließlich in naivem Optimismus die Wissenschaft, das heißt: die auf sie gegründete Technik der Beherrschung des Lebens, als Weg zum *Glück* gefeiert hat, – dies darf ich wohl, nach Nietzsches vernichtender Kritik an jenen »letzten Menschen«, die »das Glück erfunden haben«, ganz beiseite lassen. Wer glaubt daran? – außer einigen großen Kindern auf dem Katheder oder in Redaktionsstuben?

Kehren wir zurück. Was ist unter diesen inneren Voraussetzungen der Sinn der Wissenschaft als Beruf, da alle diese früheren Illusionen: »Weg zum wahren Sein«, »Weg zur wahren Kunst«, »Weg zur wahren Natur«, »Weg zum wahren Gott«, »Weg zum wahren Glück«, versunken sind? Die einfachste Antwort hat Tolstoj gegeben mit den Worten: »Sie ist sinnlos, weil sie auf die allein für uns wichtige Frage: ›Was sollen wir tun? Wie sollen wir leben?‹ keine Antwort gibt.« Die Tatsache, daß sie diese Antwort nicht gibt, ist schlechthin unbestreitbar. Die Frage ist nur, in welchem Sinne sie »keine« Antwort gibt, und ob sie statt dessen nicht doch vielleicht dem, der die Frage richtig stellt, etwas leisten könnte. – Man pflegt heute häufig von »voraussetzungsloser« Wissenschaft zu sprechen. Gibt es das? Es kommt darauf an, was man darunter versteht. Vorausgesetzt ist bei jeder wissenschaftlichen Arbeit immer die Geltung der Regeln der Logik und Methodik: dieser allgemeinen Grundlagen unserer Orientierung in der Welt. Nun, diese Voraussetzungen sind, wenigstens für unsere besondere Frage, am wenigsten problematisch. Vorausgesetzt ist aber ferner: daß das, was bei wissenschaftlicher Arbeit herauskommt, *wichtig* im Sinn von »wissenswert« sei. Und da stecken nun offenbar alle unsere Probleme darin. Denn diese Voraussetzung ist nicht wieder ihrerseits mit den Mitteln der Wissenschaft beweisbar. Sie läßt sich nur auf ihren letzten Sinn *deuten*, den man dann ablehnen oder annehmen muß, je nach der eigenen letzten Stellungnahme zum Leben.

Sehr verschieden ist ferner die Art der Beziehung der wissenschaftlichen Arbeit zu diesen ihren Voraussetzungen, je nach der Struktur dieser. Naturwissenschaften wie etwa die Physik, Chemie, Astronomie setzen als selbstverständlich voraus, daß die – so weit die Wissenschaft reicht, konstruierbaren – letzten Gesetze des kosmischen Geschehens wert sind, gekannt zu werden. Nicht nur, weil man mit diesen Kenntnissen technische Erfolge erzielen kann, sondern, wenn sie »Beruf« sein sollen, »um ihrer selbst willen«. Diese Voraussetzung ist selbst schlechthin nicht beweisbar. Und ob diese Welt, die sie beschreiben, wert ist, zu existieren: ob sie einen »Sinn« hat, und ob es einen Sinn hat: in ihr zu existieren, erst recht nicht. Danach fragen sie nicht. Oder nehmen Sie eine wissenschaftlich so hoch entwickelte praktische Kunstlehre wie die moderne Medizin. Die allgemeine »Voraussetzung« des medizinischen Betriebs ist, trivial ausgedrückt: daß die Aufgabe der Erhaltung des Lebens rein als solchen und die möglichste Verminderung des Leidens rein als solchen bejaht werde. Und das ist problematisch. Der Mediziner erhält mit seinen Mitteln den Todkranken, auch wenn er um Erlösung vom Leben fleht, auch wenn die Angehörigen, denen dies Leben wertlos ist, die ihm die Erlösung vom Leiden gönnen, denen die Kosten der Erhaltung des wertlosen Lebens unerträglich werden – es handelt sich vielleicht um einen armseligen Irren – seinen Tod, eingestandener- oder uneingestandenermaßen, wünschen und wünschen müssen. Allein die Voraussetzungen der Medizin und das Strafgesetzbuch hindern den Arzt, davon abzugehen. Ob das Leben lebenswert ist und wann? – danach fragt sie nicht. Alle Naturwissenschaften geben uns Antwort auf die Frage: Was sollen wir tun, *wenn* wir das Leben *technisch* beherrschen wollen? Ob wir es aber technisch beherrschen sollen und wollen, und ob das letztlich eigentlich Sinn hat: – das lassen sie ganz dahingestellt oder setzen es für ihre Zwecke voraus. Oder nehmen Sie eine Disziplin wie die Kunstwissenschaft. Die Tatsache, daß es Kunstwerke gibt, ist der Ästhetik gegeben. Sie sucht zu ergründen, unter welchen Bedingungen dieser Sachverhalt vorliegt. Aber sie wirft die Frage nicht auf, ob das Reich der Kunst nicht vielleicht ein Reich diabolischer Herrlichkeit sei, ein Reich von dieser Welt, deshalb widergöttlich im tiefsten Innern und in seinem tiefinnerlichst aristokratischen Geist widerbrüderlich. Danach also fragt sie nicht: ob es Kunstwerke geben *solle*. – Oder die Jurisprudenz: – sie stellt fest, was, nach den Regeln des teils zwingend logisch, teils durch konventionell gegebene Schemata gebundenen juristischen Denkens gilt, also: *wenn* bestimmte Rechtsregeln und bestimmte Methoden ihrer Deutung als verbindlich anerkannt sind. *Ob* es Recht geben solle, und *ob* man gerade diese Regeln aufstellen solle, darauf antwortet sie nicht; sondern sie kann nur angeben: wenn man den Erfolg will, so ist diese Rechtsregel nach den Normen unseres Rechtsdenkens das geeignete Mittel, ihn zu erreichen. Oder nehmen Sie die historischen Kulturwissenschaften. Sie lehren politische, künstlerische, literarische und soziale Kulturerscheinungen in den Bedingungen ihres Entstehens verstehen. Weder aber geben sie von sich aus Antwort auf die Frage: ob diese Kulturerscheinungen es *wert* waren und sind, zu bestehen. Noch antworten sie auf die andere Frage: ob es der Mühe wert ist, sie zu kennen. Sie setzen voraus, daß es ein Interesse habe, durch dies Verfahren teilzuhaben an der Gemeinschaft der »Kulturmenschen«. Aber daß dies der Fall sei, vermögen sie »wissenschaftlich« niemandem zu beweisen, und daß sie es voraussetzen, beweist durchaus nicht, daß es selbstverständlich sei. Das ist es in der Tat ganz und gar nicht.

Bleiben wir nun einmal bei den mir nächstliegenden Disziplinen, also bei der Soziologie, Geschichte, Nationalökonomie und Staatslehre und jenen Arten von Kulturphilosophie, welche sich ihre Deutung zur Aufgabe machen. Man sagt, und ich unterschreibe das: Politik gehört nicht in den Hörsaal. Sie gehört nicht dahin von seiten der Studenten. Ich würde es z. B. ganz ebenso beklagen, wenn etwa im Hörsaal meines früheren Kollegen Dietrich Schäfer in Berlin pazifistische Studenten sich um das Katheder stellten und Lärm von der Art machten, wie es antipazifistische Studenten gegenüber dem Professor Foerster, dem ich in meinen Anschauungen in vielem so fern wie möglich stehe, getan haben sollen. Aber Politik gehört allerdings auch nicht dahin von seiten des Dozenten. Gerade dann nicht, wenn er sich wissenschaftlich mit Politik befaßt, und dann am allerwenigsten. Denn praktisch-politische Stellungnahme und wissenschaftliche Analyse politischer Gebilde und Parteistellung ist zweierlei. Wenn man in einer Volksversammlung über Demokratie spricht, so macht man aus seiner persönlichen Stellungnahme kein Hehl: gerade das: deutlich erkennbar Partei zu nehmen, ist da die verdammte Pflicht und Schuldigkeit. Die Worte, die man braucht, sind dann nicht Mittel wissenschaftlicher Analyse, sondern politischen Werbens um die Stellungnahme der anderen. Sie sind nicht Pflugscharen zur Lockerung des Erdreiches des kontemplativen Denkens, sondern Schwerter gegen die Gegner: Kampfmittel. In einer Vorlesung oder im Hörsaal dagegen wäre es Frevel, das Wort in dieser Art zu gebrauchen. Da wird man, wenn etwa von »Demokratie« die Rede ist, deren verschiedene Formen vornehmen, sie analysieren in der Art, wie sie funktionieren, feststellen, welche einzelnen Folgen für die Lebensverhältnisse die eine oder andere hat, dann die anderen nicht demokratischen Formen der politischen Ordnung ihnen gegenüberstellen und versuchen, so weit zu gelangen, daß der Hörer in der Lage ist, den Punkt zu finden, von dem aus *er* von *seinen* letzten Idealen aus Stellung dazu nehmen kann. Aber der echte Lehrer wird sich sehr hüten, vom Katheder herunter ihm irgendeine Stellungnahme, sei es ausdrücklich, sei es durch Suggestion – denn das ist natürlich die illoyalste Art, wenn man »die Tatsachen sprechen lässt« – aufzudrängen.

Warum sollen wir das nun eigentlich nicht tun? Ich schicke voraus, daß manche sehr geschätzte Kollegen der Meinung sind, diese Selbstbescheidung durchzuführen, ginge überhaupt nicht, und wenn es ginge, wäre es eine Marotte, das zu vermeiden. Nun kann man niemandem wissenschaftlich vordemonstrieren, was seine Pflicht als akademischer Lehrer sei. Verlangen kann man von ihm nur die intellektuelle Rechtschaffenheit: einzusehen, daß Tatsachenfeststellung, Feststellung mathematischer oder logischer Sachverhalte oder der inneren Struktur von Kulturgütern einerseits, und andererseits die Beantwortung der Frage nach dem *Wert* der Kultur und ihrer einzelnen Inhalte und danach: wie man innerhalb der Kulturgemeinschaft und der politischen Verbände *handeln* solle, – daß dies beides ganz und gar *heterogene* Probleme sind. Fragt er dann weiter, warum er nicht beide im Hörsaal behandeln solle, so ist darauf zu antworten: weil der Prophet und der Demagoge nicht auf das Katheder eines Hörsaals gehören. Dem Propheten wie dem Demagogen ist gesagt: »Gehe hinaus auf die Gassen und rede öffentlich.« Da, heißt das, wo Kritik möglich ist. Im Hörsaal, wo man seinen Zuhörern gegenübersitzt, haben sie zu schweigen und der Lehrer zu reden, und ich halte es für unverantwortlich, diesen Umstand, daß die Studenten um ihres Fortkommens willen das Kolleg eines Lehrers besuchen müssen, und daß dort niemand zugegen ist, der diesem mit Kritik entgegentritt, auszunützen, um den Hörern nicht, wie es seine Aufgabe ist, mit seinen Kenntnissen und wissenschaftlichen Erfahrungen nützlich zu sein, sondern sie zu stempeln nach seiner persönlichen politischen Anschauung. Es ist gewiß möglich, daß es dem einzelnen nur ungenügend gelingt, seine subjektive Sympathie auszuschalten. Dann setzt er sich der schärfsten Kritik vor dem Forum seines eigenen Gewissens aus. Und es beweist nichts, denn auch andere, rein tatsächliche Irrtümer sind möglich und beweisen doch nichts gegen die Pflicht: die Wahrheit zu suchen. Auch und gerade im rein wissenschaftlichen Interesse lehne ich es ab. Ich erbiete mich, an den Werken unserer Historiker den Nachweis zu führen, daß wo immer der Mann der Wissenschaft mit seinem eigenen Werturteil kommt, das volle Verstehen der Tatsachen *aufhört*. Doch geht das über das Thema des heutigen Abends hinaus und würde lange Auseinandersetzungen erfordern.

Ich frage nur: Wie soll auf der einen Seite ein gläubiger Katholik, auf der anderen Seite ein Freimaurer in einem Kolleg über die Kirchen- und Staatsformen oder über Religionsgeschichte, – wie sollen sie jemals über diese Dinge zur gleichen *Wertung* gebracht werden! Das ist ausgeschlossen. Und doch muß der akademische Lehrer den Wunsch haben und die Forderung an sich selbst stellen, dem einen wie dem andern durch seine Kenntnisse und Methoden nützlich zu sein. Nun werden Sie mit Recht sagen: der gläubige Katholik wird auch über die Tatsachen des Herganges bei der Entstehung des Christentums niemals die Ansicht annehmen, die ein von seinen dogmatischen Voraussetzungen freier Lehrer ihm vorträgt. Gewiß! Der Unterschied aber liegt in folgendem: Die im Sinne der Ablehnung religiöser Gebundenheit »voraussetzungslose« Wissenschaft kennt in der Tat ihrerseits das »Wunder« und die »Offenbarung« nicht. Sie würde ihren eigenen »Voraussetzungen« damit untreu. Der Gläubige kennt beides. Und jene »voraussetzungslose« Wissenschaft mutet ihm nicht weniger – aber: auch *nicht mehr* – zu als das Anerkenntnis: daß, *wenn* der Hergang ohne jene übernatürlichen, für eine empirische Erklärung als ursächliche Momente ausscheidenden Eingriffe erklärt werden solle, er so, wie sie es versucht, erklärt werden müsse. Das aber kann er, ohne seinem Glauben untreu zu werden.

Aber hat denn nun die Leistung der Wissenschaft gar keinen Sinn für jemanden, dem die Tatsache als solche gleichgültig und nur die praktische Stellungnahme wichtig ist? Vielleicht doch. Zunächst schon eins. Wenn jemand ein brauchbarer Lehrer ist, dann ist es seine erste Aufgabe, seine Schüler *unbequeme* Tatsachen anerkennen zu lehren, solche, meine ich, die für seine Parteimeinung unbequem sind; und es gibt für jede Parteimeinung – z. B. auch für die meinige – solche äußerst unbequeme Tatsachen. Ich glaube, wenn der akademische Lehrer seine Zuhörer nötigt, sich daran zu gewöhnen, daß er dann mehr als eine nur intellektuelle Leistung vollbringt, ich würde so unbescheiden sein, sogar den Ausdruck »sittliche Leistung«

darauf anzuwenden, wenn das auch vielleicht etwas zu pathetisch für eine so schlichte Selbstverständlichkeit klingen mag.

Bisher sprach ich nur von *praktischen* Gründen der Vermeidung eines Aufdrängens persönlicher Stellungnahme. Aber dabei bleibt es nicht. Die Unmöglichkeit »wissenschaftlicher« Vertretung von praktischen Stellungnahmen – außer im Falle der Erörterung der Mittel für einen als fest *gegeben* vorausgesetzten Zweck – folgt aus weit tiefer liegenden Gründen. Sie ist prinzipiell deshalb sinnlos, weil die verschiedenen Wertordnungen der Welt in unlöslichem Kampf untereinander stehen. Der alte Mill, dessen Philosophie ich sonst nicht loben will, aber in diesem Punkt hat er recht, sagt einmal: wenn man von der reinen Erfahrung ausgehe, komme man zum Polytheismus. Das ist flach formuliert und klingt paradox, und doch steckt Wahrheit darin. Wenn irgend etwas, so wissen wir es heute wieder: daß etwas heilig sein kann nicht nur: obwohl es nicht schön ist, sondern: *weil* und *insofern* es nicht schön ist, – in dem 53. Kapitel des Jesaiasbuches und im 21. Psalm können Sie die Belege dafür finden, – und daß etwas schön sein kann nicht nur: obwohl, sondern: in dem, worin es nicht gut ist, das wissen wir seit Nietzsche wieder, und vorher finden Sie es gestaltet in den »fleurs du mal«, wie Baudelaire seinen Gedichtband nannte, – und eine Alltagsweisheit ist es, daß etwas wahr sein kann, obwohl und indem es nicht schön und nicht heilig und nicht gut ist. Aber das sind nur die elementarsten Fälle dieses Kampfes der Götter der einzelnen Ordnungen und Werte. Wie man es machen will, »wissenschaftlich« zu entscheiden zwischen dem *Wert* der französischen und deutschen Kultur, weiß ich nicht. Hier streiten eben auch verschiedene Götter miteinander, und zwar für alle Zeit. Es ist wie in der alten, noch nicht von ihren Göttern und Dämonen entzauberten Welt, nur in anderem Sinne: wie der Hellene einmal der Aphrodite opferte, und dann dem Apollon und vor allem jeder den Göttern seiner Stadt, so ist es, entzaubert und entkleidet der mythischen, aber innerlich wahren Plastik jenes Verhaltens, noch heute. Und über diesen Göttern und in ihrem Kampf waltet das Schicksal, aber ganz gewiß keine »Wissenschaft«. Es läßt sich nur verstehen, *was* das Göttliche für die eine und für die andere oder: in der einen und der anderen Ordnung ist. Damit ist aber die Sache für jede Erörterung in einem Hörsaal und durch einen Professor schlechterdings zu Ende, so wenig natürlich das darin steckende gewaltige *Lebens*problem selbst damit zu Ende ist. Aber andere Mächte als die Katheder der Universitäten haben da das Wort. Welcher Mensch wird sich vermessen, die Ethik der Bergpredikt, etwa den Satz: »Widerstehe nicht dem Übel« oder das Bild von der einen oder der anderen Backe, »wissenschaftlich widerlegen« zu wollen? Und doch ist klar: es ist, innerweltlich angesehen, eine Ethik der Würdelosigkeit, die hier gepredigt wird: man hat zu wählen zwischen der religiösen Würde, die diese Ethik bringt, und der Manneswürde, die etwas ganz anderes predigt: »Widerstehe dem Übel, – sonst bist du für seine Übergewalt mitverantwortlich.« Je nach der letzten Stellungnahme ist für den einzelnen das eine der Teufel und das andere der Gott, und der einzelne hat sich zu entscheiden, welches *für ihn* der Gott und welches der Teufel ist. Und so geht es durch alle Ordnungen des Lebens hindurch. Der großartige Rationalismus der ethisch-methodischen Lebensführung, der aus jeder religiösen Prophetie quillt, hatte diese Vielgötterei entthront zugunsten des »Einen, das not tut« – und hatte dann, angesichts der Realitäten des äußeren und inneren Lebens, sich zu jenen Kompromissen und Relativierungen genötigt gesehen, die wir alle aus der Geschichte des Christentums kennen. Heute aber ist es religiöser »Alltag«. Die alten vielen Götter, entzaubert und daher in Gestalt unpersönlicher Mächte, entsteigen ihren Gräbern, streben nach Gewalt über unser Leben und beginnen untereinander wieder ihren ewigen Kampf. Das aber, was gerade dem modernen Menschen so schwer wird, und der jungen Generation am schwersten, ist: einem solchen *Alltag* gewachsen zu sein. Alles Jagen nach dem »Erlebnis« stammt aus dieser Schwäche. Denn Schwäche ist es: dem Schicksal der Zeit nicht in sein ernstes Antlitz blicken zu können.

Schicksal unserer Kultur aber ist, daß wir uns dessen wieder deutlicher bewusst werden, nachdem durch ein Jahrtausend die angeblich oder vermeintlich ausschließliche Orientierung an dem großartigen Pathos der christlichen Ethik die Augen dafür geblendet hatte.

Doch genug von diesen sehr ins Weite führenden Fragen. Denn der Irrtum, den ein Teil unserer Jugend begeht, wenn er auf alles das antworten würde: »Ja, aber wir kommen nun einmal in die Vorlesung, um etwas anderes zu erleben als nur Analysen und Tatsachenfeststellungen«, – der Irrtum ist der, daß sie in dem Professor etwas anderes suchen, als ihnen dort gegenübersteht, – einen *Führer* und nicht: einen *Lehrer*. Aber nur als *Lehrer* sind wir auf das Katheder gestellt. Das ist zweierlei, und daß es das ist, davon kann man sich leicht überzeugen. Erlauben Sie, daß ich Sie noch einmal nach Amerika führe, weil man dort solche Dinge oft in ihrer massivsten Ursprünglichkeit sehen kann. Der amerikanische Knabe lernt unsagbar viel weniger als der unsrige. Er ist trotz unglaublich vielen Examinierens doch dem *Sinn* seines Schullebens nach noch nicht jener absolute Examensmensch geworden, wie es der deutsche ist. Denn die Bureaukratie, die das Examensdiplom als Eintrittsbillet ins Reich der Amtspfründen voraussetzt, ist dort erst in den Anfängen. Der junge Amerikaner hat vor nichts und niemand, vor keiner Tradition und keinem Amt Respekt, es sei denn vor der persönlich eigenen Leistung des Betreffenden: *das* nennt der Amerikaner »Demokratie«. Wie verzerrt auch immer die Realität diesem Sinngehalt gegenüber sich verhalten möge, der Sinngehalt ist dieser, und darauf kommt es hier an. Der Lehrer, der ihm gegenübersteht, von dem hat er die Vorstellung: er verkauft mir seine Kenntnisse und Methoden für meines Vaters Geld, ganz ebenso wie die Gemüsefrau meiner Mutter den Kohl. Damit fertig. Allerdings: wenn der Lehrer etwa ein football-Meister ist, dann ist er auf diesem Gebiet sein Führer. Ist er das (oder etwas Ähnliches auf anderem Sportgebiet) aber nicht, so ist er eben nur Lehrer und weiter nichts, und keinem amerikanischen jungen Manne wird es einfallen, sich von ihm »Weltanschauungen« oder maßgebliche Regeln für seine Lebensführung verkaufen zu lassen. Nun, in dieser Formulierung werden wir das ablehnen. Aber es fragt sich, ob hier in dieser von mir absichtlich noch etwas ins Extreme gesteigerten Empfindungsweise nicht doch ein Korn Wahrheit steckt.

Kommilitonen und Kommilitoninnen! Sie kommen mit diesen Ansprüchen an unsere Führerqualitäten in die Vorlesungen zu uns und sagen sich vorher nicht: daß von hundert Professoren mindestens neunundneunzig nicht nur keine football-Meister des Lebens, sondern überhaupt nicht »Führer« in Angelegenheiten der Lebensführung zu sein in Anspruch nehmen und nehmen dürfen. Bedenken Sie: es hängt der Wert des Menschen ja nicht davon ab, ob er Führerqualitäten besitzt. Und jedenfalls sind es nicht die Qualitäten, die jemanden zu einem ausgezeichneten Gelehrten und akademischen Lehrer machen, die ihn zum Führer auf dem Gebiet der praktischen Lebensorientierung oder, spezieller, der Politik machen. Es ist der reine Zufall, wenn jemand auch diese Qualität besitzt, und sehr bedenklich ist es, wenn jeder, der auf dem Katheder steht, sich vor die Zumutung gestellt fühlt, sie in Anspruch zu nehmen. Noch bedenklicher, wenn es jedem akademischen Lehrer überlassen bleibt, sich im Hörsaal als Führer aufzuspielen. Denn die, welche sich am meisten dafür halten, sind es oft am wenigsten, und vor allem: ob sie es sind oder nicht, dafür bietet die Situation auf dem Katheder schlechterdings keine Möglichkeit der *Bewährung*. Der Professor, der sich zum Berater der Jugend berufen fühlt und ihr Vertrauen genießt, möge im persönlichen Verkehr von Mensch zu Mensch mit ihr seinen Mann stehen. Und fühlt er sich zum Eingreifen in die Kämpfe der Weltanschauungen und Parteimeinungen berufen, so möge er das draußen auf dem Markt des Lebens tun: in der Presse, in Versammlungen, in Vereinen, wo immer er will. Aber es ist doch etwas allzu bequem, seinen Bekennermut da zu zeigen, wo die Anwesenden und vielleicht Andersdenkenden zum Schweigen verurteilt sind.

Sie werden schließlich die Frage stellen: wenn dem so ist, was leistet denn nun eigentlich die Wissenschaft Positives für das praktische und persönliche »Leben«? Und damit sind wir wieder bei dem Problem ihres »Berufs«. Zunächst natürlich: Kenntnisse über die Technik, wie man das Leben, die äußeren Dinge sowohl wie das Handeln der Menschen, durch Berechnung beherrscht: – nun, das ist aber doch nur die Gemüsefrau des amerikanischen Knaben, werden Sie sagen. Ganz meine Meinung. Zweitens, was diese Gemüsefrau schon immerhin nicht tut: Methoden des Denkens, das Handwerkszeug und die Schulung dazu. Sie werden vielleicht sagen: nun, das ist nicht Gemüse, aber es ist auch nicht mehr als das Mittel, sich Gemüse zu verschaffen. Gut, lassen wir das heute dahingestellt. Aber damit ist die Leistung der Wissenschaft glücklicherweise auch noch nicht zu Ende, sondern wir sind in der Lage, Ihnen zu einem Dritten zu verhelfen: zur *Klarheit*. Vorausgesetzt natürlich, daß wir sie selbst besitzen. Soweit dies der Fall ist, können wir Ihnen deutlich machen: man kann zu dem Wertproblem, um das es sich jeweils handelt – ich bitte Sie, der Einfachheit halber an soziale Erscheinungen als Beispiel zu denken – praktisch die und die verschiedene Stellung einnehmen. Wenn man die und die Stellung einnimmt, so muß man nach den Erfahrungen der Wissenschaft die und die *Mittel* anwenden, um sie praktisch zur Durchführung zu bringen. Diese Mittel sind nun vielleicht schon an sich solche, die Sie ablehnen zu müssen glauben. Dann muss man zwischen dem Zweck und den unvermeidlichen Mitteln eben wählen. »Heiligt« der Zweck diese Mittel oder nicht? Der Lehrer kann die Notwendigkeit dieser Wahl vor Sie hinstellen, mehr kann er, solange er Lehrer bleiben und nicht Demagoge werden will, nicht. Er kann Ihnen ferner natürlich sagen: wenn Sie den und den Zweck wollen, dann müssen Sie die und die Nebenerfolge, die dann erfahrungsgemäß eintreten, mit in Kauf nehmen: wieder die gleiche Lage. Indessen das sind alles noch Probleme, wie sie für jeden Techniker auch entstehen können, der ja auch in zahlreichen Fällen nach dem Prinzip des kleineren Übels oder des relativ Besten sich entscheiden muß. Nur daß für ihn eins, die Hauptsache, gegeben zu sein pflegt: der *Zweck*. Aber eben dies ist nun für uns, sobald es sich um wirklich »letzte« Probleme handelt, *nicht* der Fall. Und damit erst gelangen wir zu der letzten Leistung, welche die Wissenschaft als solche im Dienste der Klarheit vollbringen kann, und zugleich zu ihren Grenzen: wir können – und sollen – Ihnen auch sagen: die und die praktische Stellungnahme läßt sich mit innerer Konsequenz und also: Ehrlichkeit ihrem *Sinn* nach ableiten aus der und der letzten weltanschauungsmäßigen Grundposition – es kann sein, aus nur einer, oder es können vielleicht verschiedene sein –, aber aus den und den anderen nicht. Ihr dient, bildlich geredet, diesem Gott *und kränkt jenen anderen*, wenn Ihr Euch für diese Stellungnahme entschließt. Denn Ihr kommt notwendig zu diesen und diesen letzten inneren sinnhaften *Konsequenzen*, wenn Ihr Euch treu bleibt. Das läßt sich, im Prinzip wenigstens, leisten. Die Fachdisziplin der Philosophie und die dem Wesen nach philosophischen prinzipiellen Erörterungen der Einzeldisziplinen versuchen das zu leisten. Wir können so, wenn wir unsere Sache verstehen (was hier einmal vorausgesetzt werden muß), den einzelnen nötigen, oder wenigstens ihm dabei helfen, sich selbst *Rechenschaft zu geben über den letzten Sinn seines eigenen Tuns*. Es scheint mir das nicht so sehr wenig zu sein, auch für das rein persönliche Leben. Ich bin auch hier versucht, wenn einem Lehrer das gelingt, zu sagen: er stehe im Dienst »sittlicher« Mächte: der Pflicht, Klarheit und Verantwortungsgefühl zu schaffen, und ich glaube, er wird dieser Leistung um so eher fähig sein, je gewissenhafter er es vermeidet, seinerseits dem Zuhörer eine Stellungnahme oktroyieren oder ansuggerieren zu wollen.

Überall freilich geht diese Annahme, die ich Ihnen hier vortrage, aus von dem einen Grundsachverhalt: daß das Leben, so lange es in sich selbst beruht und aus sich selbst verstanden wird, nur den ewigen Kampf jener Götter miteinander kennt, – unbildlich gesprochen: die Unvereinbarkeit und also die Unaustragbarkeit des Kampfes der letzten überhaupt *möglichen* Standpunkte zum Leben, die Notwendigkeit also: zwischen ihnen sich zu *entscheiden*. Ob unter solchen Verhältnissen die Wissenschaft wert ist, für jemanden ein »Beruf« zu werden, und ob sie selbst einen objektiv wertvollen »Beruf« hat – das ist wieder ein Werturteil, über welches im Hörsaal nichts auszusagen ist. Denn für die Lehre dort ist die Bejahung *Voraussetzung*. Ich persönlich bejahe schon durch meine eigene Arbeit die Frage. Und zwar auch und gerade für den Standpunkt, der den Intellektualismus, wie es heute die Jugend tut oder – und meist – zu tun nur sich einbildet, als den schlimmsten Teufel haßt. Denn dann gilt für sie das Wort: »Bedenkt, der Teufel, der ist alt, so werdet alt ihn zu verstehen.« Das ist nicht im Sinne der Geburtsurkunde gemeint, sondern in dem Sinn: daß man auch vor diesem Teufel, wenn man mit ihm fertig werden will, nicht – die Flucht ergreifen darf, wie es heute so gern geschieht, sondern daß man seine Wege erst einmal zu Ende überschauen muß, um seine Macht und seine Schranken zu sehen.

Daß Wissenschaft heute ein *fachlich* betriebener »Beruf« ist im Dienst der Selbstbesinnung und der Erkenntnis tatsächlicher Zusammenhänge, und nicht eine Heilsgüter und Offenbarungen spendende Gnadengabe von Sehern, Propheten oder ein Bestandteil des Nachdenkens von Weisen und Philosophen über den *Sinn* der Welt –, das freilich ist eine unentrinnbare Gegebenheit unserer historischen Situation, aus der wir, wenn wir uns selbst treu bleiben, nicht herauskommen können. Und wenn nun wieder Tolstoj in Ihnen aufsteht und fragt: »Wer beantwortet, da es die Wissenschaft nicht tut, die Frage: was sollen wir denn tun? und: wie sollen wir unser Leben einrichten?« oder in der heute abend hier gebrauchten Sprache: »welchem der kämpfenden Götter sollen wir dienen? oder vielleicht einem ganz anderen, und wer ist das?« – dann ist zu sagen: nur ein Prophet oder ein Heiland. Wenn der nicht da ist oder wenn seiner Verkündigung nicht mehr geglaubt wird, dann werden Sie ihn ganz gewiß nicht dadurch auf die Erde zwingen, daß Tausende von Professoren als staatlich besoldete oder privilegierte kleine Propheten in ihren Hörsälen ihm seine Rolle abzunehmen versuchen. Sie werden damit nur das eine fertig bringen, daß das Wissen um den entscheidenden Sachverhalt: der Prophet, nach dem sich so viele unserer jüngsten Generation sehnen, ist eben *nicht* da, ihnen niemals in der ganzen Wucht seiner Bedeutung lebendig wird. Es kann, glaube ich, gerade dem inneren Interesse eines wirklich religiös »musikalischen« Menschen nun und nimmermehr gedient sein, wenn ihm und anderen diese Grundtatsache, daß er in einer gottfremden, prophetenlosen Zeit zu leben das Schicksal hat, durch ein Surrogat, wie es alle diese Kathederprophetien sind, verhüllt wird. Die Ehrlichkeit seines religiösen Organs müßte, scheint mir, dagegen sich auflehnen. Nun werden Sie geneigt sein, zu sagen: Aber wie stellt man sich denn zu der Tatsache der Existenz der »Theologie« und ihrer Ansprüche darauf: »Wissenschaft« zu sein? Drücken wir uns um die Antwort nicht herum. »Theologie« und »Dogmen« gibt es zwar nicht universell, aber doch nicht gerade nur im Christentum. Sondern (rückwärtsschreitend in der Zeit) in stark entwickelter Form auch im Islam, im Manachäismus, in der Gnosis, in der Orphik, im Parsismus, im Buddhismus, in den hinduistischen Sekten, im Taoismus und in den Upanischaden und natürlich auch im Judentum. Nur freilich in höchst verschiedenem Maße systematisch entwickelt. Und es ist kein Zufall, daß das okzidentale Christentum nicht nur – im Gegensatz zu dem, was z. B. das Judentum an Theologie besitzt – sie systematischer ausgebaut hat oder danach strebt, sondern daß hier ihre Entwicklung die weitaus stärkste historische Bedeutung gehabt hat. Der hellenische Geist hat das hervorgebracht, und alle Theologie des Westens geht auf ihn zurück, wie (offenbar) alle Theologie des Ostens auf das indische Denken. Alle Theologie ist intellektuelle *Rationalisierung* religiösen Heilsbesitzes. Keine Wissenschaft ist absolut voraussetzungslos, und keine kann für den, der diese Voraussetzungen ablehnt, ihren eigenen Wert begründen. Aber allerdings: jede Theologie fügt für ihre Arbeit und damit für die Rechtfertigung ihrer eigenen Existenz einige spezifische Voraussetzungen hinzu. In verschiedenem Sinn und Umfang. Für *jede* Theologie, z. B. auch für die hinduistische, gilt die Voraussetzung: die Welt müsse einen *Sinn* haben – und ihre Frage ist: wie muß man ihn deuten, damit dies denkmöglich sei? Ganz ebenso wie Kants Erkenntnistheorie von der Voraussetzung ausging: »Wissenschaftliche Wahrheit gibt es, und sie *gilt*« – und dann fragte: Unter welchen Denkvoraussetzungen ist das (sinnvoll) möglich? Oder wie die modernen Ästhetiker (ausdrücklich – wie z. B. G. v. Lukacs – oder tatsächlich) von der Voraussetzung ausgehen: »es *gibt* Kunstwerke« – und nun fragen: Wie ist das (sinnvoll) möglich? Allerdings begnügen sich die Theologien mit jener (wesentlich religions-philosophischen) Voraussetzung in aller Regel nicht. Sondern sie gehen regelmäßig von der ferneren Voraussetzung aus: daß bestimmte »Offenbarungen« als heilswichtige Tatsachen – als solche also, welche eine sinnvolle Lebensführung erst ermöglichen – schlechthin zu glauben sind und daß bestimmte Zuständlichkeiten und Handlungen die Qualität der Heiligkeit besitzen – das heißt: eine religiös-sinnvolle Lebensführung oder doch deren Bestandteile bilden. Und ihre Frage ist dann wiederum: Wie lassen sich diese schlechthin anzunehmenden Voraussetzungen innerhalb eines Gesamtweltbildes sinnvoll deuten? Jene Voraussetzungen selbst liegen dabei für die Theologie jenseits dessen, was »Wissenschaft« ist. Sie sind kein »Wissen« im gewöhnlich verstandenen Sinn, sondern ein »Haben«. Wer sie – den Glauben oder die sonstigen heiligen Zuständlichkeiten – nicht »hat«, dem kann sie keine Theologie ersetzen. Erst recht nicht eine andere Wissenschaft. Im Gegenteil: in jeder »positiven« Theologie gelangt der Gläubige an den Punkt, wo der Augustinische Satz gilt: credo non quod, sed *quia* absurdum est. Die Fähigkeit zu dieser Virtuosenleistung des »Opfers des Intellekts« ist das entscheidende Merkmal des positiv religiösen Menschen. Und daß dem so ist: – dieser Sachverhalt zeigt, daß trotz (vielmehr infolge) der Theologie (die ihn ja enthüllt) die Spannung zwischen der Wertsphäre der »Wissenschaft« und der des religiösen Heils unüberbrückbar ist.

Das »Opfer des Intellekts« bringt rechtmäßigerweise nur der Jünger dem Propheten, der Gläubige der Kirche. Noch nie ist aber eine neue Prophetie dadurch entstanden (ich wiederhole dieses Bild, das manchen anstößig gewesen ist, hier absichtlich:) daß manche moderne Intellektuelle das Bedürfnis haben, sich in ihrer Seele sozusagen mit garantiert echten, alten Sachen auszumöblieren und sich dabei dann noch daran erinnern, daß dazu auch die Religion gehört hat, die sie nun einmal nicht haben, für die sie aber eine Art von spielerisch mit Heiligenbildchen aus aller Herren Länder möblierter Hauskapelle als Ersatz sich aufputzen oder ein Surrogat schaffen in allerhand Arten des Erlebens, denen sie die Würde mystischen Heiligkeitsbesitzes zuschreiben und mit dem sie – auf dem Büchermarkt hausieren gehen. Das ist einfach: Schwindel oder Selbstbetrug. Durchaus kein Schwindel, sondern etwas sehr Ernstes und Wahrhaftes, aber vielleicht zuweilen sich selbst in seinem Sinn Mißdeutendes ist es dagegen, wenn manche jener Jugendgemeinschaften, die in der Stille in den letzten Jahren gewachsen sind, ihrer eigenen menschlichen Gemeinschaftsbeziehung die Deutung einer religiösen, kosmischen oder mystischen Beziehung geben. So wahr es ist, daß jeder Akt echter Brüderlichkeit sich mit dem Wissen darum zu verknüpfen vermag, daß dadurch einem überpersönlichen Reich etwas hinzugefügt wird, was unverlierbar bleibt, so zweifelhaft scheint mir, ob die Würde rein menschlicher Gemeinschaftsbeziehungen durch jene religiösen Deutungen gesteigert wird. – Indessen, das gehört nicht mehr hierher. –

Es ist das Schicksal unserer Zeit, mit der ihr eigenen Rationalisierung und Intellektualisierung, vor allem: Entzauberung der Welt, daß gerade die letzten und sublimsten Werte zurückgetreten sind aus der Öffentlichkeit, entweder in das hinterweltliche Reich mystischen Lebens oder in die Brüderlichkeit unmittelbarer Beziehungen der einzelnen zueinander. Es ist weder zufällig, daß unsere höchste Kunst eine intime und keine monumentale ist, noch daß heute nur innerhalb der kleinsten Gemeinschaftskreise, von Mensch zu Mensch, im pianissimo, jenes Etwas pulsiert, das dem entspricht, was früher als prophetisches Pneuma in stürmischem Feuer durch die großen Gemeinden ging und sie zusammenschweißte. Versuchen wir, monumentale Kunstgesinnung zu erzwingen und zu »erfinden«, dann entsteht ein so jämmerliches Mißgebilde wie in den vielen Denkmälern der letzten 20 Jahre. Versucht man religiöse Neubildungen zu ergrübeln ohne neue, echte Prophetie, so entsteht im innerlichen Sinn etwas Ähnliches, was noch übler wirken muß. Und die Kathederprophetie wird vollends nur fanatische Sekten, aber nie eine echte Gemeinschaft schaffen. Wer dies Schicksal der Zeit nicht männlich ertragen kann, dem muß man sagen: Er kehre lieber, schweigend, ohne die übliche öffentliche Renegatenreklame, sondern schlicht und einfach, in die weit und erbarmend geöffneten Arme der alten Kirchen zurück. Sie machen es ihm ja nicht schwer. Irgendwie hat er dabei – das ist unvermeidlich – das »Opfer des Intellektes« zu bringen, so oder so. Wir werden ihn darum nicht schelten, wenn er es wirklich vermag. Denn ein solches Opfer des Intellekts zugunsten einer bedingungslosen religiösen Hingabe ist sittlich immerhin doch etwas anderes als jene Umgehung der schlichten intellektuellen Rechtschaffenheitspflicht, die eintritt, wenn man sich selbst nicht klar zu werden den Mut hat über die eigene letzte Stellungnahme, sondern diese Pflicht durch schwächliche Relativierung sich erleichtert. Und mir steht sie auch höher als jene Kathederprophetie, die sich darüber nicht klar ist, daß innerhalb der Räume des Hörsaals nun einmal keine andere Tugend gilt als eben: schlichte intellektuelle Rechtschaffenheit. Sie aber gebietet uns, festzustellen, daß heute für alle jene vielen, die auf neue Propheten und Heilande harren, die Lage die gleiche ist, wie sie aus jenem schönen, unter die Jesaja-Orakel aufgenommenen edomitischen Wächterlied in der Exilszeit klingt: »Es kommt ein Ruf aus Seir in Edom: Wächter, wie lang noch die Nacht? Der Wächter spricht: Es kommt der Morgen, aber noch ist es Nacht. Wenn ihr fragen wollt, kommt ein ander Mal wieder.« Das Volk, dem das gesagt wurde, hat gefragt und geharrt durch weit mehr als zwei Jahrtausende, und wir kennen sein erschütterndes Schicksal. Daraus wollen wir die Lehre ziehen: daß es mit dem Sehnen und Harren allein nicht getan ist, und es anders machen: an unsere Arbeit gehen und der »Forderung des Tages« gerecht werden – menschlich sowohl wie beruflich. Die aber ist schlicht und einfach, wenn jeder den Dämon findet und ihm gehorcht, der *seines* Lebens Fäden hält.

# Politik als Beruf

Der Vortrag, den ich auf Ihren Wunsch zu halten habe, wird Sie nach verschiedenen Richtungen notwendig enttäuschen. In einer Rede über Politik als Beruf werden Sie unwillkürlich eine Stellungnahme zu aktuellen Tagesfragen erwarten. Das wird aber nur in einer rein formalen Art am Schlusse geschehen anläßlich bestimmter Fragen der Bedeutung des politischen Tuns innerhalb der gesamten Lebensführung. Ganz ausgeschaltet werden müssen dagegen in dem heutigen Vortrag alle Fragen, die sich darauf beziehen: *welche* Politik man treiben, welche *Inhalte*, heißt das, man seinem politischen Tun geben *soll*. Denn das hat mit der allgemeinen Frage: was Politik als Beruf ist und bedeuten kann, nichts zu tun. – Damit zur Sache!

Was verstehen wir unter Politik? Der Begriff ist außerordentlich weit und umfaßt jede Art selbständig *leitender* Tätigkeit. Man spricht von der Devisenpolitik der Banken, von der Diskontpolitik der Reichsbank, von der Politik einer Gewerkschaft in einem Streik, man kann sprechen von der Schulpolitik einer Stadt- oder Dorfgemeinde, von der Politik eines Vereinsvorstandes bei dessen Leitung, ja schließlich von der Politik einer klugen Frau, die ihren Mann zu lenken trachtet. Ein derartig weiter Begriff liegt unseren Betrachtungen vom heutigen Abend natürlich nicht zugrunde. Wir wollen heute darunter nur verstehen: die Leitung oder die Beeinflussung der Leitung eines *politischen* Verbandes, heute also: eines *Staates*.

Was ist nun aber vom Standpunkt der soziologischen Betrachtung aus ein »politischer« Verband? Was ist: ein »Staat«? Auch er läßt sich soziologisch nicht definieren aus dem Inhalt dessen, was er tut. Es gibt fast keine Aufgabe, die nicht ein politischer Verband hier und da in die Hand genommen hätte, anderseits auch keine, von der man sagen könnte, daß sie jederzeit, vollends: daß sie immer *ausschließlich* denjenigen Verbänden, die man als politische, heute: als Staaten, bezeichnet, oder welche geschichtlich die Vorfahren des modernen Staates waren, eigen gewesen wäre. Man kann vielmehr den modernen Staat soziologisch letztlich nur definieren aus einem spezifischen *Mittel*, das ihm, wie jedem politischen Verband, eignet: der physischen Gewaltsamkeit. »Jeder Staat wird auf Gewalt gegründet,« sagte seinerzeit Trozkij in Brest-Litowsk. Das ist in der Tat richtig. Wenn nur soziale Gebilde beständen, denen die Gewaltsamkeit als Mittel unbekannt wäre, *dann* würde der Begriff »Staat« fortgefallen sein, *dann* wäre eingetreten, was man in diesem besonderen Sinne des Wortes als »Anarchie« bezeichnen würde. Gewaltsamkeit ist natürlich nicht etwa das normale oder einzige Mittel des Staates: – davon ist keine Rede –, wohl aber: das ihm spezifische. Gerade heute ist die Beziehung des Staates zur Gewaltsamkeit besonders intim. In der Vergangenheit haben die verschiedensten Verbände – von der Sippe angefangen – physische Gewaltsamkeit als ganz normales Mittel gekannt. Heute dagegen werden wir sagen müssen: Staat ist diejenige menschliche Gemeinschaft, welche innerhalb eines bestimmten Gebietes – dies: das »Gebiet«, gehört zum Merkmal – das *Monopol legitimer physischer Gewaltsamkeit* für sich (mit Erfolg) beansprucht. Denn das der Gegenwart Spezifische ist: daß man allen anderen Verbänden oder Einzelpersonen das Recht zur physischen Gewaltsamkeit nur so weit zuschreibt, als der *Staat* sie von ihrer Seite zuläßt: er gilt als alleinige Quelle des »Rechts« auf Gewaltsamkeit. »Politik« würde für uns also heißen: Streben nach Machtanteil oder nach Beeinflussung der Machtverteilung, sei es zwischen Staaten, sei es innerhalb eines Staates zwischen den Menschengruppen, die er umschließt.

Jeder Herrschaftsbetrieb, welcher kontinuierliche Verwaltung erheischt, braucht einerseits die Einstellung menschlichen Handelns auf den Gehorsam gegenüber jenen Herren, welche Träger der legitimen Gewalt zu sein beanspruchen, und andrerseits, vermittelst dieses Gehorsams, die Verfügung über diejenigen Sachgüter, welche gegebenenfalls zur Durchführung der physischen Gewaltanwendung erforderlich sind: den personalen Verwaltungsstab und die sachlichen Verwaltungsmittel.

Das entspricht im wesentlichen ja auch dem Sprachgebrauch. Wenn man von einer Frage sagt: sie sei eine »politische« Frage, von einem Minister oder Beamten: er sei ein »politischer« Beamter, von einem Entschluß: er sei »politisch« bedingt, so ist damit immer gemeint: Machtverteilungs-,

Machterhaltungs- oder Machtverschiebungsinteressen sind maßgebend für die Antwort auf jene Frage oder bedingen diesen Entschluß oder bestimmen die Tätigkeitssphäre des betreffenden Beamten. – Wer Politik treibt, erstrebt Macht, – Macht entweder als Mittel im Dienst anderer Ziele – idealer oder egoistischer – oder Macht »um ihrer selbst willen«: um das Prestigegefühl, das sie gibt, zu genießen.

Der Staat ist, ebenso wie die ihm geschichtlich vorausgehenden politischen Verbände, ein auf das Mittel der legitimen (das heißt: als legitim angesehenen) Gewaltsamkeit gestütztes *Herrschafts*verhältnis von Menschen über Menschen. Damit er bestehe, müssen sich also die beherrschten Menschen der beanspruchten Autorität der jeweils herrschenden *fügen*. Wann und warum tun sie das? Auf welche inneren Rechtfertigungsgründe und auf welche äußeren Mittel stützt sich diese Herrschaft?

Es gibt der inneren Rechtfertigungen, also: der *Legitimitäts*gründe einer Herrschaft – um mit ihnen zu beginnen – im Prinzip drei. Einmal die Autorität des »ewig Gestrigen«: der durch unvordenkliche Geltung und gewohnheitsmäßige Einstellung auf ihre Innehaltung geheiligten *Sitte*: »traditionale« Herrschaft, wie sie der Patriarch und der Patrimonialfürst alten Schlages übten. Dann: die Autorität der außeralltäglichen persönlichen *Gnadengabe* (Charisma), die ganz persönliche Hingabe und das persönliche Vertrauen zu Offenbarungen, Heldentum oder anderen Führereigenschaften eines einzelnen: »charismatische« Herrschaft, wie sie der Prophet oder – auf dem Gebiet des Politischen – der gekorene Kriegsfürst oder der plebiszitäre Herrscher, der große Demagoge und politische Parteiführer ausüben. Endlich: Herrschaft kraft »Legalität«, kraft des Glaubens an die Geltung legaler *Satzung* und der durch rational geschaffene Regeln begründeten sachlichen »Kompetenz«, also: der Einstellung auf Gehorsam in der Erfüllung satzungsmäßiger Pflichten: eine Herrschaft, wie sie der moderne »Staatsdiener« und alle jene Träger von Macht ausüben, die ihm in dieser Hinsicht ähneln. – Es versteht sich, daß in der Realität höchst massive Motive der Furcht und der Hoffnung – Furcht vor der Rache magischer Mächte oder des Machthabers, Hoffnung auf jenseitigen oder diesseitigen Lohn – und daneben Interessen verschiedenster Art die Fügsamkeit bedingen. Davon sogleich. Aber wenn man nach den »Legitimitäts«gründen dieser Fügsamkeit fragt, dann allerdings stößt man auf diese drei »reinen« Typen. Und diese Legitimitätsvorstellungen und ihre innere Begründung sind für die Struktur der Herrschaft von sehr erheblicher Bedeutung. Die reinen Typen finden sich freilich in der Wirklichkeit selten. Aber es kann heute auf die höchst verwickelten Abwandlungen, Übergänge und Kombinationen dieser reinen Typen nicht eingegangen werden: das gehört zu dem Problem der »allgemeinen Staatslehre«. Uns interessiert hier vor allem der zweite von jenen Typen: die Herrschaft kraft Hingabe der Gehorchenden an das rein persönliche »Charisma« des »Führers«. Denn hier wurzelt der Gedanke des *Berufs* in seiner höchsten Ausprägung. Die Hingabe an das Charisma des Propheten oder des Führers im Kriege oder des ganz großen Demagogen in der Ekklesia oder im Parlament bedeutet ja, daß er persönlich als der innerlich »berufene« Leiter der Menschen gilt, daß diese sich ihm nicht kraft Sitte oder Satzung fügen, sondern weil sie an ihn glauben. Er selbst zwar lebt seiner Sache, »trachtet nach seinem Werk«, wenn er mehr ist als ein enger und eitler Emporkömmling des Augenblicks. Seiner Person und ihren Qualitäten aber gilt die Hingabe seines Anhanges: der Jüngerschaft, der Gefolgschaft, der ganz persönlichen Parteigängerschaft. In den beiden in der Vergangenheit wichtigsten Figuren: des Magiers und Propheten einerseits, des gekorenen Kriegsfürsten, Bandenführers, Condottiere anderseits, ist das Führertum in allen Gebieten und historischen Epochen aufgetreten. Dem Okzident eigentümlich ist aber, was uns näher angeht: das *politische* Führertum in der Gestalt zuerst des freien »Demagogen«, der auf dem Boden des nur dem Abendland, vor allem der mittelländischen Kultur, eigenen Stadtstaates, und dann des parlamentarischen »Parteiführers«, der auf dem Boden des ebenfalls nur im Abendland bodenständigen Verfassungsstaates gewachsen ist.

Diese Politiker kraft »Berufes« in des Wortes eigentlichster Bedeutung sind nun aber natürlich nirgends die allein maßgebenden Figuren im Getriebe des politischen Machtkampfes. Höchst entscheidend ist vielmehr die Art der Hilfsmittel, die ihnen zur Verfügung stehen. Wie fangen die politisch herrschenden Gewalten es an, sich in ihrer Herrschaft zu behaupten? Die Frage gilt für jede Art von Herrschaft, also auch für die politische Herrschaft in allen ihren Formen: für die traditionale ebenso wie für die legale und die charismatische.

Der Verwaltungsstab, der den politischen Herrschaftsbetrieb wie jeden anderen Betrieb in seiner äußeren Erscheinung darstellt, ist nun natürlich nicht nur durch jene Legitimitätsvorstellung, von der eben die Rede war, an den Gehorsam gegenüber dem Gewalthaber gekettet. Sondern durch zwei Mittel, welche an das persönliche Interesse appellieren: materieller Entgelt und sozialer Ehre. Lehen der Vasallen, Pfründen der Patrimonialbeamten, Gehalt der modernen Staatsdiener, – Ritterehre, ständische Privilegien, Beamtenehre bilden den Lohn, und die Angst, sie zu verlieren, die letzte entscheidende Grundlage für die Solidarität des Verwaltungsstabes mit dem Gewalthaber. Auch für die charismatische Führerherrschaft gilt das: Kriegsehre und Beute für die kriegerische, die »spoils«: Ausbeutung der Beherrschten durch Ämtermonopol, politisch bedingte Profite und Eitelkeitsprämien für die demagogische Gefolgschaft.

Zur Aufrechterhaltung jeder gewaltsamen Herrschaft bedarf es gewisser materieller äußerer Sachgüter, ganz wie bei einem wirtschaftlichen Betrieb. Alle Staatsordnungen lassen sich nun danach gliedern, ob sie auf dem Prinzip beruhen, daß jener Stab von Menschen: – Beamte oder wer sie sonst sein mögen –, auf deren Gehorsam der Gewalthaber muß rechnen können, im *eigenen* Besitze der Verwaltungsmittel, mögen sie bestehen in Geld, Gebäuden, Kriegsmaterial, Wagenparks, Pferden, oder was sonst immer, sich befinden, oder ob der Verwaltungsstab von den Verwaltungsmitteln »getrennt« ist, im gleichen Sinn, wie heute der Angestellte und Proletarier innerhalb des kapitalistischen Betriebes »getrennt« ist von den sachlichen Produktionsmitteln. Ob also der Gewalthaber die Verwaltung in *eigener* von ihm organisierter *Regie* hat und durch persönliche Diener oder angestellte Beamte oder persönliche Günstlinge und Vertraute verwalten läßt, welche nicht Eigentümer: Besitzer zu eigenem Recht, der sachlichen Betriebsmittel sind, sondern vom Herrn darin dirigiert werden, oder ob das Gegenteil der Fall ist. Der Unterschied geht durch alle Verwaltungsorganisationen der Vergangenheit hindurch.

Einen politischen Verband, bei dem die sachlichen Verwaltungsmittel ganz oder teilweise in der Eigenmacht des abhängigen Verwaltungsstabes sich befinden, wollen wir einen »*ständisch*« gegliederten Verband nennen. Der Vasall z. B. im Lehnsverband bestritt die Verwaltung und Rechtspflege des ihm verlehnten Bezirks aus eigener Tasche, equipierte und verproviantierte sich selbst für den Krieg; seine Untervasallen taten das gleiche. Das hatte natürlich Konsequenzen für die Machtstellung des Herrn, die nur auf dem persönlichen Treubund und darauf ruhte, daß der Lehnsbesitz und die soziale Ehre des Vasallen ihre »Legitimität« vom Herrn ableiteten.

Überall aber, bis in die frühesten politischen Bildungen zurück, finden wir auch die eigene Regie des Herrn: durch persönlich von ihm Abhängige: Sklaven, Hausbeamte, Dienstleute, persönliche »Günstlinge« und aus seinen Vorratskammern mit Natural- und Gelddeputaten entlehnte Pfründner sucht er die Verwaltung in eigene Hand zu bekommen, die Mittel aus eigener Tasche, aus Erträgnissen seines Patrimoniums zu bestreiten, ein rein persönlich von ihm abhängiges, weil aus seinen Speichern, Magazinen, Rüstkammern equipiertes und verproviantiertes Heer zu schaffen. Während im »ständischen« Verband der Herr mit Hilfe einer eigenständigen »Aristokratie« herrscht, also mit ihr die Herrschaft teilt, stützt er sich hier entweder auf Haushörige oder auf Plebejer: besitzlose, der eigenen sozialen Ehre entbehrende Schichten, die materiell gänzlich an ihn gekettet sind und keinerlei konkurrierende eigene Macht unter den Füßen haben. Alle Formen patriarchaler und patrimonialer Herrschaft, sultanistischer Despotie und bureaukratischer Staatsordnung gehören zu diesem Typus. Insbesondere: die bureaukratische Staatsordnung, also die, in ihrer rationalsten Ausbildung, auch und gerade dem modernen Staat charakteristische.

Überall kommt die Entwicklung des modernen Staates dadurch in Fluß, daß von seiten des Fürsten die Enteignung der neben ihm stehenden selbständigen »privaten« Träger von Verwaltungsmacht: jener Eigenbesitzer von Verwaltungs- und Kriegsbetriebsmitteln, Finanzbetriebsmitteln und politisch verwendbaren Gütern aller Art, in die Wege geleitet wird. Der ganze Prozeß ist eine vollständige Parallele zu der Entwicklung des kapitalistischen Betriebs durch allmähliche Enteignung der selbständigen Produzenten. Am Ende sehen wir, daß in dem modernen Staat tatsächlich in einer einzigen Spitze die Verfügung über die gesamten politischen Betriebsmittel zusammenläuft, kein einziger Beamter mehr persönlicher Eigentümer des Geldes ist, das er verausgabt, oder der Gebäude, Vorräte, Werkzeuge, Kriegsmaschinen, über die er verfügt. Vollständig durchgeführt ist also im heutigen »Staat« – das ist ihm begriffswesentlich – die »Trennung« des Verwaltungsstabes: der Verwaltungsbeamten und Verwaltungsarbeiter, von den sachlichen Betriebsmitteln. Hier setzt nun die allermodernste Entwicklung ein und versucht vor unseren Augen, die Expropriation dieses Expropriateurs der politischen Mittel und damit der politischen Macht in die Wege zu leiten. Das hat die Revolution wenigstens insofern geleistet, als an die Stelle der gesatzten Obrigkeiten Führer getreten sind, welche durch Usurpation oder Wahl sich in die Verfügungsgewalt über den politischen Menschenstab und Sachgüterapparat gesetzt haben und ihre Legitimität – einerlei mit wieviel Recht – vom Willen der Beherrschten ableiten. Eine andere Frage ist, ob sie auf Grund dieses – wenigstens scheinbaren – Erfolges mit Recht die Hoffnung hegen kann: auch die Expropriation innerhalb der kapitalistischen Wirtschaftsbetriebe durchzuführen, deren Leitung sich trotz weitgehender Analogien im Innersten nach ganz anderen Gesetzen richtet als die politische Verwaltung. Dazu nehmen wir heute nicht Stellung. Ich stelle für unsere Betrachtung nur das rein *Begriffliche* fest: daß der moderne Staat ein anstaltsmäßiger Herrschaftsverband ist, der innerhalb eines Gebietes die legitime physische Gewaltsamkeit als Mittel der Herrschaft zu monopolisieren mit Erfolg getrachtet hat und zu diesem Zweck die sachlichen Betriebsmittel in der Hand seiner Leiter vereinigt, die sämtlichen eigenberechtigten ständischen Funktionäre aber, die früher zu Eigenrecht darüber verfügten, enteignet und sich selbst in seiner höchsten Spitze an deren Stelle gesetzt hat.

Im Verlaufe dieses politischen Enteignungsprozesses nun, der in allen Ländern der Erde mit wechselndem Erfolge spielte, sind, und zwar zuerst im Dienste der Fürsten, die ersten Kategorien von »Berufspolitikern« in einem *zweiten* Sinn aufgetreten, von Leuten, die nicht selbst Herren sein wollten, wie die charismatischen Führer, sondern *in den Dienst* von politischen Herren traten. Sie stellten sich in diesem Kampfe den Fürsten zur Verfügung und machten aus der Besorgung von dessen Politik einen materiellen Lebenserwerb einerseits, einen ideellen Lebensinhalt anderseits. Wieder *nur im Okzident* finden wir *diese* Art von Berufspolitikern auch im Dienst anderer Mächte als nur der Fürsten. In der Vergangenheit waren sie deren wichtigstes Macht- und politisches Expropriationsinstrument.

Machen wir uns, ehe wir näher auf sie eingehen, den Sachverhalt, den die Existenz solcher »Berufspolitiker« darstellt, nach allen Seiten unzweideutig klar. Man kann »Politik« treiben – also: die Machtverteilung zwischen und innerhalb politischer Gebilde zu beeinflussen trachten – sowohl als »Gelegenheits«politiker wie als nebenberuflicher oder hauptberuflicher Politiker, genau wie beim ökonomischen Erwerb. »Gelegenheits«politiker sind wir alle, wenn wir unseren Wahlzettel abgeben oder eine ähnliche Willensäußerung: etwa Beifall oder Protest in einer »politischen« Versammlung, vollziehen, eine »politische« Rede halten usw., – und bei vielen Menschen beschränkt sich ihre ganze Beziehung zur Politik darauf. »Nebenberufliche« Politiker sind heute z. B. alle jene Vertrauensmänner und Vorstände von parteipolitischen Vereinen, welche diese Tätigkeit – wie es durchaus die Regel ist – nur im Bedarfsfalle ausüben und weder materiell noch ideell in *erster* Linie daraus »ihr Leben machen«. Ebenso jene Mitglieder von Staatsräten und ähnlichen Beratungskörperschaften, die nur auf Anfordern in Funktion treten. Ebenso aber auch ziemlich breite Schichten unserer Parlamentarier, die nur in Zeiten der Session Politik treiben. In der Vergangenheit finden wir solche Schichten namentlich unter den Ständen. »Stände« sollen uns heißen die eigenberechtigten Besitzer militärischer oder für die Verwaltung wichtiger sachlicher Betriebsmittel oder persönlicher Herrengewalten. Ein großer Teil von ihnen war weit davon entfernt, sein Leben ganz oder auch nur vorzugsweise oder mehr als gelegentlich in den Dienst der Politik zu stellen. Sie nützten vielmehr ihre Herrenmacht im Interesse der Erziehung von Renten oder auch geradezu von Profit und wurden politisch, im Dienst des politischen Verbandes, nur tätig, wenn der Herr oder wenn ihre Standesgenossen dies besonders verlangten. Nicht anders auch ein Teil jener Hilfskräfte, die der Fürst im Kampf um die Schaffung eines politischen Eigenbetriebes, der nur ihm zur Verfügung stehen sollte, heranzog. Die »Räte von Haus aus« und, noch weiter zurück, ein erheblicher Teil der in der »Curia« und den anderen beratenden Körperschaften der Fürsten zusammentretenden Ratgeber hatten diesen Charakter. Aber mit diesen nur gelegentlichen oder nebenberuflichen Hilfskräften kam der Fürst natürlich nicht aus. Er mußte sich einen Stab von ganz und ausschließlich seinem Dienst gewidmeten, also *haupt*beruflichen, Hilfskräften zu schaffen suchen. Davon, woher er diese nahm, hing zum sehr wesentlichen Teil die Struktur des entstehenden dynastischen politischen Gebildes und nicht nur sie, sondern das ganze Gepräge der betreffenden Kultur ab. Erst recht in die gleiche Notwendigkeit versetzt waren diejenigen politischen Verbände, welche unter völliger Beseitigung oder weitgehender Beschränkung der Fürstenmacht sich als (sogenannte) »freie« Gemeinwesen politisch konstituierten, – »frei« nicht im Sinne der Freiheit von gewaltsamer Herrschaft, sondern im Sinne von: Fehlen der kraft Tradition legitimen (meist religiös geweihten) Fürstengewalt als ausschließlicher Quelle aller Autorität. Sie haben geschichtlich ihre Heimstätte durchaus im Okzident, und ihr Keim war: die Stadt als politischer Verband, als welcher sie zuerst im mittelländischen Kulturkreis aufgetreten ist. Wie sahen in all diesen Fällen die »*haupt*beruflichen« Politiker aus?

Es gibt zwei Arten, aus der Politik seinen Beruf zu machen. Entweder: man lebt »für« die Politik – oder aber: »von« der Politik. Der Gegensatz ist keineswegs ein exklusiver. In aller Regel vielmehr tut man, mindestens ideell, meist aber auch materiell, beides: wer »für« die Politik lebt, macht im *inner*lichen Sinne »sein Leben daraus«: er genießt entweder den nackten Besitz der Macht, die er ausübt, oder er speist sein inneres Gleichgewicht und Selbstgefühl aus dem Bewußtsein, durch Dienst an einer »Sache« seinem Leben einen *Sinn* zu verleihen. In diesem innerlichen Sinn lebt wohl jeder ernste Mensch, der für eine Sache lebt, auch von dieser Sache. Die Unterscheidung bezieht sich also auf eine viel massivere Seite des Sachverhaltes: auf die ökonomische. »Von« der Politik als Beruf lebt, wer danach strebt, daraus eine dauernde *Einnahme*quelle zu machen, – »für« die Politik der, bei dem dies nicht der Fall ist. Damit jemand in diesem ökonomischen Sinn »für« die Politik leben könne, müssen unter der Herrschaft der Privateigentumsordnung einige, wenn Sie wollen, sehr triviale Voraussetzungen vorliegen: er muß – unter normalen Verhältnissen – ökonomisch von den Einnahmen, welche die Politik ihm bringen kann, unabhängig sein. Das heißt ganz einfach: er muß vermögend oder in einer privaten Lebensstellung sein, welche ihm auskömmliche Einkünfte abwirft. So steht es wenigstens unter normalen Verhältnissen. Zwar die Gefolgschaft des Kriegsfürsten fragt ebensowenig nach den Bedingungen normaler Wirtschaft wie die Gefolgschaft des revolutionären Helden der Straße. Beide leben von Beute, Raub, Konfiskationen, Kontributionen, Aufdrängung von wertlosen Zwangszahlungsmitteln: – was dem Wesen nach alles das Gleiche ist. Aber das sind notwendig außeralltägliche Erscheinungen: in der Alltagswirtschaft leistet nur eigenes Vermögen diesen Dienst. Aber damit allein nicht genug: er muß überdies wirtschaftlich »abkömmlich« sein, d. h. seine Einkünfte dürfen nicht davon abhängen, daß er ständig persönlich seine Arbeitskraft und sein Denken voll oder doch weit überwiegend in den Dienst ihres Erwerbes stellt. Abkömmlich in diesem Sinne ist nun am unbedingtesten: der Rentner, derjenige also, der vollkommen arbeitsloses Einkommen, sei es, wie die Grundherren der Vergangenheit, die Großgrundbesitzer und die Standesherren der Gegenwart, aus Grundrenten – in der Antike und im Mittelalter auch Sklaven- oder Hörigenrenten – oder aus Wertpapier- oder ähnlichen modernen Rentenquellen bezieht. Weder der Arbeiter, *noch* – was sehr zu beachten ist – der Unternehmer –, auch *und gerade* der moderne Großunternehmer – ist in diesem Sinn abkömmlich. Denn auch und *gerade* der Unternehmer – der gewerbliche sehr viel mehr als, bei dem Saisoncharakter der Landwirtschaft, der landwirtschaftliche Unternehmer – ist an seinen Betrieb gebunden und *nicht* abkömmlich. Es ist für ihn meist sehr schwer, sich auch nur zeitweilig vertreten zu lassen. Ebensowenig ist dies z. B. der Arzt, je hervorragender und beschäftigter er ist, desto weniger. Leichter schon, aus rein betriebstechnischen Gründen, der Advokat – der deshalb auch als Berufspolitiker eine ungleich größere, oft eine geradezu beherrschende Rolle gespielt hat. – Wir wollen diese Kasuistik nicht weiter verfolgen, sondern wir machen uns einige Konsequenzen klar.

Die Leitung eines Staates oder einer Partei durch Leute, welche (im ökonomischen Sinn des Wortes) ausschließlich *für* die Politik und nicht *von* der Politik leben, bedeutet notwendig eine »plutokratische« Rekrutierung der politisch führenden Schichten. Damit ist freilich nicht auch das Umgekehrte gesagt: daß eine solche plutokratische Leitung auch zugleich bedeutete, daß die politisch herrschende Schicht *nicht* auch »von« der Politik zu leben trachtete, also ihre politische Herrschaft nicht auch für ihre privaten ökonomischen Interessen auszunutzen pflegte. Davon ist natürlich gar keine Rede. Es hat keine Schicht gegeben, die das nicht irgendwie getan hätte. Nur dies bedeutet es: daß die Berufspolitiker nicht unmittelbar *für* ihre politische Leistung Entgelt zu suchen genötigt sind, wie das jeder Mittellose schlechthin in Anspruch nehmen muß. Und andrerseits bedeutet es nicht etwa, daß vermögenslose Politiker lediglich oder auch nur vornehmlich ihre privatwirtschaftliche Versorgung durch die Politik im Auge hätten, nicht oder doch nicht vornehmlich »an die Sache« dächten. Nichts wäre unrichtiger. Dem vermögenden Mann ist die Sorge um die ökonomische »Sekurität« seiner Existenz erfahrungsgemäß – bewußt oder unbewußt – ein Kardinalpunkt seiner ganzen Lebensorientierung. Der ganz rücksichts- und voraussetzungslose politische Idealismus findet sich, wenn nicht ausschließlich, so doch wenigstens gerade, bei den infolge ihrer Vermögenslosigkeit ganz außerhalb der an der Erhaltung der ökonomischen Ordnung einer bestimmten Gesellschaft stehenden Schichten: das gilt zumal in außeralltäglichen, also revolutionären, Epochen. Sondern nur dies bedeutet es: daß eine *nicht* plutokratische Rekrutierung der politischen Interessenten, der Führerschaft und ihrer Gefolgschaft, an die selbstverständliche Voraussetzung gebunden ist, daß diesen Interessenten aus dem Betrieb der Politik regelmäßige und verläßliche Einnahmen zufließen. Die Politik kann entweder »ehrenamtlich« und dann von, wie man zu sagen pflegt, »unabhängigen«, d. h. vermögenden Leuten, Rentnern vor allem, geführt werden. Oder aber ihre Führung wird Vermögenslosen zugänglich gemacht, und dann muß sie entgolten werden. Der *von* der Politik lebende Berufspolitiker kann sein: reiner »Pfründner« oder besoldeter »Beamter«. Entweder bezieht er dann Einnahmen aus Gebühren und Sporteln für bestimmte Leistungen – Trinkgelder und Bestechungssummen sind nur eine regellose und formell illegale Abart dieser Kategorie von Einkünften –, oder er bezieht ein festes Naturaliendeputat oder Geldgehalt, oder beides nebeneinander. Er kann den Charakter eines »Unternehmers« annehmen, wie der Kondottiere oder der Amtspächter oder Amtskäufer der Vergangenheit oder wie der amerikanische Boss, der seine Unkosten wie eine Kapitalanlage ansieht, die er durch Ausnutzung seines Einflusses Ertrag bringen läßt. Oder er kann einen festen Lohn beziehen, wie ein Redakteur oder Parteisekretär oder ein moderner Minister oder politischer Beamter. In der Vergangenheit waren Lehen, Bodenschenkungen, Pfründen aller Art, mit Entwicklung der Geldwirtschaft aber besonders Sportelpfründen der typische Entgelt von Fürsten, siegreichen Eroberern oder erfolgreichen Parteihäuptern für ihre Gefolgschaft; heute sind es Ämter aller Art in Parteien, Zeitungen, Genossenschaften, Krankenkassen, Gemeinden und Staaten, welche von den Parteiführern für treue Dienste vergeben werden. *Alle* Parteikämpfe sind nicht nur Kämpfe um sachliche Ziele, sondern vor allem auch: um Ämterpatronage. Alle Kämpfe zwischen partikularistischen und zentralistischen Bestrebungen in Deutschland drehen sich vor allem auch darum, welche Gewalten, ob die Berliner oder die Münchener, Karlsruher, Dresdener, die Ämterpatronage in der Hand haben. Zurücksetzungen in der Anteilnahme an den Ämtern werden von Parteien schwerer empfunden als Zuwiderhandlungen gegen ihre sachlichen Ziele. Ein parteipolitischer Präfektenschub in Frankreich galt immer als eine größere Umwälzung und erregte mehr Lärm als eine Modifikation des Regierungsprogramms, welches fast rein phraseologische Bedeutung hatte. Manche Parteien, so namentlich die in Amerika, sind seit dem Schwinden der alten Gegensätze über die Auslegung der Verfassung reine Stellenjägerparteien, welche ihr sachliches Programm je nach den Chancen des Stimmenfangs abändern. In Spanien wechselten bis in die letzten Jahre in Gestalt der von obenher fabrizierten »Wahlen« die beiden großen Parteien in konventionell feststehendem Turnus ab, um ihre Gefolgschaft in Ämtern zu versorgen. In den spanischen Kolonialgebieten handelt es sich sowohl bei den sogenannten »Wahlen« wie den sogenannten »Revolutionen« stets um die Staatskrippe, an der die Sieger gefüttert zu werden wünschen. In der Schweiz repartieren die Parteien im Wege des Proporzes die Ämter friedlich untereinander, und manche unserer »revolutionären« Verfassungsentwürfe, so z. B. der erste für Baden aufgestellte, wollte dies System auf die Ministerstellen ausdehnen und behandelte so den Staat und seine Ämter als reine Pfründnerversorgungsanstalt. Vor allem die Zentrumspartei begeisterte sich dafür und machte in Baden die proportionale Verteilung der Ämter nach Konfessionen, also ohne Rücksicht auf die Leistung, sogar zu einem Programmpunkt. Mit steigender Zahl der Ämter infolge der allgemeinen Bureaukratisierung und steigendem Begehr nach ihnen als einer Form spezifisch *gesicherter* Versorgung steigt für alle Parteien diese Tendenz und werden sie für ihre Gefolgschaft immer mehr Mittel zum Zweck, derart versorgt zu werden.

Dem steht nun aber gegenüber die Entwicklung des modernen Beamtentums zu einer spezialistisch durch langjährige Vorbildung fachgeschulten hochqualifizierten geistigen Arbeiterschaft mit einer im Interesse der Integrität hochentwickelten ständischen *Ehre*, ohne welche die Gefahr furchtbarer Korruption und gemeinen Banausentums als Schicksal über uns schweben und auch die rein technische Leistung des Staatsapparates bedrohen würde, dessen Bedeutung für die Wirtschaft, zumal mit zunehmender Sozialisierung, stetig gestiegen ist und weiter steigen wird. Die Dilettantenverwaltung durch Beutepolitiker, welche in den Vereinigten Staaten Hunderttausende von Beamten, bis zum Postboten hinunter, je nach dem Ausfall der Präsidentenwahl, wechseln ließ und den lebenslänglichen Berufsbeamten nicht kannte, ist längst durch die Civil Service Reform durchlöchert. Rein technische, unabweisliche Bedürfnisse der Verwaltung bedingen diese Entwicklung. In Europa ist das arbeitsteilige Fachbeamtentum in einer Entwicklung von einem halben Jahrtausend allmählich entstanden. Die italienischen Städte und Signorien machten den Anfang; von den Monarchien die normannischen Eroberstaaten. Bei den *Finanzen* der Fürsten geschah der entscheidende Schritt. Bei den Verwaltungsreformen des Kaisers Max kann man sehen, wie schwer selbst unter dem Druck der äußersten Not und Türkenherrschaft es den Beamten gelang, auf diesem Gebiet, welches ja den Dilettantismus eines Herrschers, der damals noch vor allem: ein Ritter war, am wenigsten vertrug, den Fürsten zu depossedieren. Die Entwicklung der Kriegstechnik bedingte den Fachoffizier, die Verfeinerung des Rechtsganges den geschulten Juristen. Auf diesen drei Gebieten siegte das Fachbeamtentum in den entwickelteren Staaten endgültig im 16. Jahrhundert. Damit war gleichzeitig mit dem Aufstieg des Absolutismus der Fürsten gegenüber den Ständen die allmähliche Abdankung seiner Selbstherrschaft an die Fachbeamten, durch die ihm jener Sieg über die Stände erst ermöglicht wurde, eingeleitet.

Gleichzeitig mit dem Aufstieg des fachgeschulten *Beamtentums* vollzog sich auch – wennschon in weit unmerklicheren Übergängen – die Entwicklung der »leitenden *Politiker*«. Von jeher und in aller Welt hatte es, selbstverständlich, solche tatsächlich maßgeblichen Berater der Fürsten gegeben. Im Orient hat das Bedürfnis, den Sultan von der persönlichen Verantwortung für den Erfolg der Regierung möglichst zu entlasten, die typische Figur des »Großwesirs« geschaffen. Im Abendland wurde die Diplomatie, vor allem unter dem Einfluß der in diplomatischen Fachkreisen mit leidenschaftlichem Eifer gelesenen venezianischen Gesandtschaftsberichte, im Zeitalter Karls V. – der Zeit Macchiavellis – zuerst eine *bewußt* gepflegte Kunst, deren meist humanistisch gebildete Adepten sich untereinander als eine geschulte Schicht von Eingeweihten behandelten, ähnlich den humanistischen chinesischen Staatsmännern der letzten Teilstaatenzeit. Die Notwendigkeit einer formell einheitlichen Leitung der *gesamten* Politik, einschließlich der inneren, durch einen führenden Staatsmann entstand endgültig und zwingend erst durch die konstitutionelle Entwicklung. Bis dahin hatte es zwar selbstverständlich solche Einzelpersönlichkeiten als Berater oder vielmehr – der Sache nach – Leiter der Fürsten immer wieder gegeben. Aber die Organisation der Behörden war zunächst, auch in den am weitesten vorgeschrittenen Staaten, andere Wege gegangen. *Kollegiale* höchste Verwaltungsbehörden waren entstanden. Der Theorie und, in allmählich abnehmendem Maße, der Tatsache nach tagten sie unter dem Vorsitz des Fürsten persönlich, der die Entscheidung gab. Durch dieses kollegialische System, welches zu Gutachten, Gegengutachten und motivierten Voten der Mehrheit und Minderheit führte und ferner dadurch, daß er neben den offiziellen höchsten Behörden sich mit rein persönlichen Vertrauten – dem »Kabinett« – umgab und durch diese seine Entscheidungen auf die Beschlüsse des Staatsrats – oder wie die höchste Staatsbehörde sonst hieß – abgab, suchte der Fürst, der zunehmend in die Lage eines Dilettanten geriet, dem unvermeidlich wachsenden Gewicht der Fachschulung der Beamten sich zu entziehen und die oberste Leitung in der Hand zu behalten: dieser latente Kampf zwischen dem Fachbeamtentum und der Selbstherrschaft bestand überall. Erst gegenüber den Parlamenten und den Machtaspirationen ihrer Parteiführer änderte sich die Lage. Sehr verschieden gelagerte Bedingungen führten doch zu dem äußerlich gleichen Ergebnis. Freilich mit gewissen Unterschieden. Wo immer die Dynastien reale Macht in der Hand behielten – wie namentlich in Deutschland –, waren nun die Interessen des Fürsten mit denen des Beamtentums solidarisch verknüpft *gegen* das Parlament und seine Machtansprüche. Die Beamten hatten das Interesse daran, daß auch die leitenden Stellen, also die Ministerposten, aus ihren Reihen besetzt, also Gegenstände des Beamtenavancements, wurden. Der Monarch seinerseits hatte das Interesse daran, die Minister nach seinem Ermessen auch aus den Reihen der ihm ergebenen Beamten ernennen zu können. Beide Teile aber waren daran interessiert, daß die politische Leitung dem Parlament einheitlich und geschlossen gegenübertrat, also: das Kollegialsystem durch einen einheitlichen Kabinettschef ersetzt wurde. Der Monarch bedurfte überdies, schon um dem Parteikampf und den Parteiangriffen rein formell enthoben zu bleiben, einer ihn deckenden verantwortlichen, das heißt: dem Parlament Rede stehenden und ihm entgegentretenden, mit den Parteien verhandelnden Einzelpersönlichkeit. Alle diese Interessen wirkten hier zusammen in der gleichen Richtung: ein einheitlich führender Beamtenminister entstand. Noch stärker wirkte in der Richtung der Vereinheitlichung die Entwicklung der Parlamentsmacht da, wo sie – wie in England – die Oberhand gegenüber dem Monarchen gewann. Hier entwickelte sich das »Kabinett« mit dem einheitlichen Parlamentsführer, dem »Leader«, an der Spitze, als ein Ausschuß der von den offiziellen Gesetzen ignorierten, tatsächlich aber allein politisch entscheidenden Macht: der jeweils im Besitz der Mehrheit befindlichen *Partei*. Die offiziellen kollegialen Körperschaften waren eben als solche keine Organe der wirklich herrschenden Macht: der Partei, und konnten also nicht Träger der wirklichen Regierung sein. Eine herrschende Partei bedurfte vielmehr, um im Innern die Gewalt zu behaupten und nach außen große Politik treiben zu können, eines schlagkräftigen, nur aus ihren wirklich führenden Männern zusammengesetzten, vertraulich verhandelnden Organes: eben des Kabinetts, der Öffentlichkeit, vor allem der parlamentarischen Öffentlichkeit gegenüber aber eines für alle Entschließungen verantwortlichen Führers: des Kabinettschefs. Dies englische System ist dann in Gestalt der parlamentarischen Ministerien auf den Kontinent übernommen worden, und nur in Amerika und den von da aus beeinflußten Demokratien wurde ihm ein ganz heterogenes System gegenübergestellt, welches den erkorenen Führer der siegenden Partei durch direkte Volkswahl an die Spitze des von ihm ernannten Beamtenapparates stellte und ihn nur in Budget und Gesetzgebung an die Zustimmung des Parlaments band.

Die Entwicklung der Politik zu einem »Betrieb«, der eine Schulung im Kampf um die Macht und in dessen Methoden erforderte, so wie sie das moderne Parteiwesen entwickelte, bedingte nun die Scheidung der öffentlichen Funktionäre in zwei, allerdings keineswegs schroff, aber doch deutlich geschiedene Kategorien: Fachbeamte einerseits, »politische Beamte« anderseits. Die im eigentlichen Wortsinn »politischen« Beamten sind äußerlich in der Regel daran kenntlich, daß sie jederzeit beliebig versetzt und entlassen oder doch »zur Disposition gestellt« werden können, wie die französischen Präfekten und die ihnen gleichartigen Beamten anderer Länder, im schroffsten Gegensatz gegen die »Unabhängigkeit« der Beamten mit richterlicher Funktion. In England gehören jene Beamten dazu, die nach fester Konvention bei einem Wechsel der Parlamentsmehrheit und also des Kabinetts aus den Ämtern scheiden. Besonders diejenigen pflegen dahin zu rechnen, deren Kompetenz die Besorgung der allgemeinen »inneren Verwaltung« umfaßt; und der »politische« Bestandteil daran ist vor allem die Aufgabe der Erhaltung der »Ordnung« im Lande, also: der bestehenden Herrschaftsverhältnisse. In Preußen hatten diese

Beamten nach dem Puttkamerschen Erlaß, bei Vermeidung der Maßregelung, die Pflicht, »die Politik der Regierung zu vertreten«, und wurden, ebenso wie in Frankreich die Präfekten, als amtlicher Apparat zur Beeinflussung der Wahlen benutzt. Die meisten »politischen« Beamten teilten zwar nach deutschem System – im Gegensatz zu anderen Ländern – die Qualität aller anderen insofern, als die Erlangung auch dieser Ämter an akademisches Studium, Fachprüfungen und einen bestimmten Vorbereitungsdienst gebunden war. Dieses spezifische Merkmal des modernen Fachbeamtentums fehlt bei uns nur den Chefs des politischen Apparates: den Ministern. Preußischer Kultusminister konnte man schon unter dem alten Regime sein, ohne selbst jemals eine höhere Unterrichtsanstalt besucht zu haben, während man Vortragender Rat grundsätzlich nur auf Grund der vorgeschriebenen Prüfungen werden konnte. Der fachgeschulte Dezernent und Vortragende Rat war selbstverständlich – z. B. unter Althoff im preußischen Unterrichtsministerium – unendlich viel informierter über die eigentlichen technischen Probleme des Faches als sein Chef. In England stand es damit nicht anders. Er war infolgedessen auch für alle Alltagsbedürfnisse der Mächtigere. Das war auch nichts an sich Widersinniges. Der Minister war eben der Repräsentant der *politischen* Machtkonstellation, hatte diese politische Maßstäbe zu vertreten und an die Vorschläge seiner unterstellten Fachbeamten anzulegen oder ihnen die entsprechenden Direktiven politischer Art zu geben.

Ganz ähnlich steht es ja in einem privaten Wirtschaftsbetrieb: der eigentliche »Souverän«, die Aktionärversammlung, ist in der Betriebsführung ebenso einflußlos wie ein von Fachbeamten regiertes »Volk«, und die für die Politik des Betriebes ausschlaggebenden Persönlichkeiten, der von Banken beherrschte »Aufsichtsrat«, geben nur die wirtschaftlichen Direktiven und liest die Persönlichkeiten für die Verwaltung aus, ohne aber selbst imstande zu sein, den Betrieb technisch zu leiten. Insofern bedeutet auch die jetzige Struktur des Revolutionsstaates, welcher absoluten Dilettanten, kraft ihrer Verfügung über die Maschinengewehre, die Macht über die Verwaltung in die Hand gibt und die fachgeschulten Beamten nur als ausführende Köpfe und Hände benutzen möchte, keine grundsätzliche Neuerung. Die Schwierigkeiten dieses jetzigen Systems liegen anderswo als darin, sollen uns aber heute nichts angehen. –

Wir fragen vielmehr nun nach der typischen Eigenart der Berufspolitiker, sowohl der »Führer« wie ihrer Gefolgschaft. Sie hat gewechselt und ist auch heute sehr verschieden.

»Berufspolitiker« haben sich in der Vergangenheit, wie wir sahen, im Kampf der Fürsten mit den Ständen entwickelt im Dienst der ersteren. Sehen wir uns ihre Haupttypen kurz an.

Gegen die Stände stützte sich der Fürst auf politisch verwertbare Schichten nichtständischen Charakters. Dahin gehörten in Vorder- und Hinterindien, im buddhistischen China und Japan und in der lamaistischen Mongolei ganz ebenso wie in den christlichen Gebieten des Mittelalters zunächst: die Kleriker. Technisch deshalb, weil sie schriftkundig waren. Überall ist der Import von Brahmanen, buddhistischen Priestern, Lamas und die Verwendung von Bischöfen und Priestern als politische Berater unter dem Gesichtspunkt erfolgt, schreibkundige Verwaltungskräfte zu bekommen, die im Kampf des Kaisers oder Fürsten oder Khans gegen die Aristokratie verwertet werden konnten. Der Kleriker, zumal der zölibatäre Kleriker, stand außerhalb des Getriebes der normalen politischen und ökonomischen Interessen und kam nicht in Versuchung, für seine Nachfahren eigene politische Macht gegenüber seinem Herrn zu erstreben, wie es der Lehnsmann tat. Er war von den Betriebsmitteln der fürstlichen Verwaltung durch seine eigenen ständischen Qualitäten »getrennt«.

Ein zweite derartige Schicht waren die humanistisch gebildeten iteraten. Es gab eine Zeit, wo man lateinische Reden und griechische Verse machen lernte, zu dem Zwecke, politischer Berater und vor allen Dingen politischer Denkschriftenverfasser eines Fürsten zu werden. Das war die Zeit der ersten Blüte der Humanistenschulen und der fürstlichen Stiftungen von Professuren der »Poetik«: bei uns eine schnell vorübergehende Epoche, die immerhin auf unser Schulwesen nachhaltig eingewirkt hat, politisch freilich keine tieferen Folgen hatte. Anders in Ostasien. Der chinesische Mandarin ist oder vielmehr: war ursprünglich annähernd das, was der Humanist unserer Renaissancezeit war: ein humanistisch an den Sprachdenkmälern der fernen Vergangenheit geschulter und geprüfter Literat. Wenn Sie die Tagebücher des Li-Hung-Tschang lesen, finden Sie, daß noch er am meisten stolz darauf ist, daß er Gedichte machte und ein guter Kalligraph war. Diese Schicht mit ihren an der chinesischen Antike entwickelten Konventionen hat das ganze Schicksal Chinas bestimmt, und ähnlich wäre vielleicht unser Schicksal gewesen, wenn die Humanisten seinerzeit die geringste Chance gehabt hätten, mit gleichem Erfolge sich durchzusetzen.

Die dritte Schicht war: der Hofadel. Nachdem es den Fürsten gelungen war, den Adel in seiner ständischen politischen Macht zu enteignen, zogen sie ihn an den Hof und verwendeten ihn im politischen und diplomatischen Dienst. Der Umschwung unseres Erziehungswesens im 17. Jahrhundert war mit dadurch bedingt, daß an Stelle der humanistischen Literaten hofadelige Berufspolitiker in den Dienst der Fürsten traten.

Die vierte Kategorie war ein spezifisch englisches Gebilde; ein den Kleinadel und das städtische Rentnertum umfassendes Patriziat, technisch »gentry« genannt: – eine Schicht, die ursprünglich der Fürst gegen die Barone heranzog und in den Besitz der Ämter des »selfgovernment« setzte, um später zunehmend von ihr abhängig zu werden. Sie hielt sich im Besitz der sämtlichen Ämter der lokalen Verwaltung, indem sie dieselben gratis übernahm im Interesse ihrer eigenen sozialen Macht. Sie hat England vor der Bureaukratisierung bewahrt, die das Schicksal sämtlicher Kontinentalstaaten war.

Eine fünfte Schicht war dem Okzident, vor allem auf dem europäischen Kontinent, eigentümlich und war für dessen ganze politische Struktur von ausschlaggebender Bedeutung: die universitätsgeschulten Juristen. Die gewaltige Nachwirkung des römischen Rechts, wie es der bureaukratische spätrömische Staat umgebildet hatte, tritt in nichts deutlicher hervor als darin: daß überall die Revolutionierung des politischen Betriebs im Sinne der Entwicklung zum rationalen Staat von geschulten Juristen getragen wurde. Auch in England, obwohl dort die großen nationalen Juristenzünfte die Rezeption des römischen Rechts hinderten. Man findet in keinem Gebiet der Erde dazu irgendeine Analogie. Alle Ansätze rationalen juristischen Denkens in der indischen Mimamsa-Schule und alle Weiterpflege des antiken juristischen Denkens im Islam haben die Überwucherung des rationalen Rechtsdenkens durch theologische Denkformen nicht hindern können. Vor allem wurde das Prozeßverfahren nicht voll rationalisiert. Das hat nur die Übernahme der antik römischen Jurisprudenz, des Produkts eines aus dem Stadtstaat zur Weltherrschaft aufsteigenden politischen Gebildes ganz einzigartigen Charakters, durch die italienischen Juristen zuwege gebracht, der »Usus modernus« der spätmittelalterlichen Pandektisten und Kanonisten, und die aus juristischem und christlichem Denken geborenen und später säkularisierten Naturrechtstheorien. Im italienischen Podestat, in den französischen Königsjuristen, welche die formellen Mittel zur Untergrabung der Herrschaft der Seigneurs durch die Königsmacht schufen, in den Kanonisten und naturrechtlich denkenden Theologen des Konziliarismus, in den Hofjuristen und gelehrten Richtern der kontinentalen Fürsten, in den niederländischen Naturrechtslehren und den Monarchomachen, in den englischen Kron- und den Parlamentsjuristen, in der Noblesse de Robe der französischen Parlamente, endlich in den Advokaten der Revolutionszeit hat dieser juristische Rationalismus seine großen Repräsentanten gehabt. Ohne ihn ist das Entstehen des absoluten Staates so wenig denkbar wie die Revolution. Wenn Sie die Remonstrationen der französischen Parlamente oder die Cahiers der französischen Generalstände seit dem 16. Jahrhundert bis in das Jahr 1789 durchsehen, finden Sie überall: Juristengeist. Und wenn Sie die Berufszugehörigkeit der Mitglieder des französischen Konvents durchmustern, so finden Sie da – obwohl er nach gleichem Wahlrecht gewählt war – einen einzigen Proletarier, sehr wenige bürgerliche Unternehmer, dagegen massenhaft Juristen aller Art, ohne die der spezifische Geist, der diese radikalen Intellektuellen und ihre Entwürfe beseelte, ganz undenkbar wäre. Der moderne Advokat und die moderne Demokratie gehören seitdem schlechthin zusammen, – und Advokaten in unserem Sinn, als ein selbständiger Stand, existieren wiederum nur im Okzident, seit dem Mittelalter, wo sie aus dem »Fürsprech« des formalistischen germanischen Prozeßverfahrens unter dem Einfluß der Rationalisierung des Prozesses sich entwickelten.

Die Bedeutung der Advokaten in der okzidentalen Politik seit dem Aufkommen der Parteien ist nichts Zufälliges. Der politische Betrieb durch Parteien bedeutet eben: Interessentenbetrieb – wir werden bald sehen, was das besagen will. Und eine Sache für Interessenten wirkungsvoll zu führen ist das Handwerk des geschulten Advokaten. Er ist darin – das hat uns die Überlegenheit der feindlichen Propaganda lehren können – jedem »Beamten« überlegen. Gewiß kann er eine durch logisch schwache Argumente gestützte, in diesem Sinn: »schlechte« Sache dennoch siegreich, also technisch »gut«, führen. Aber auch nur er führt eine durch logisch »starke« Argumente zu stützende, in diesem Sinn »gute« Sache siegreich, also in diesem Sinn »gut«. Der Beamte als Politiker macht nur allzu oft durch technisch »schlechte« Führung eine in jenem Sinn »gute« Sache zur »schlechten«: – das haben wir erleben müssen. Denn die heutige Politik wird nun einmal in hervorragendem Maße in der Öffentlichkeit mit den Mitteln des gesprochenen oder geschriebenen Wortes geführt. Dessen Wirkung abzuwägen, liegt im eigentlichsten Aufgabenkreis des Advokaten, gar nicht aber des Fachbeamten, der kein Demagoge ist und, seinem Zweck nach, sein soll, und wenn er es doch zu werden unternimmt, ein sehr schlechter Demagoge zu werden pflegt.

Der echte Beamte – das ist für die Beurteilung unseres früheren Regimes entscheidend – soll seinem eigentlichen Beruf nach nicht Politik treiben, sondern: »verwalten«, *unparteiisch* vor allem, – auch für die sogenannten »politischen« Verwaltungsbeamten gilt das, offiziell wenigstens, soweit nicht die »Staatsräson«, d. h. die Lebensinteressen der herrschenden Ordnung, in Frage stehen. Sine ira et studio, »ohne Zorn und Eingenommenheit« soll er seines Amtes walten. Er soll also gerade das nicht tun, was der Politiker, der Führer sowohl wie seine Gefolgschaft, immer und notwendig tun muß: *kämpfen*. Denn Parteinahme, Kampf, Leidenschaft – ira et studium – sind das Element des Politikers. Und vor allem: des politischen *Führers*. Dessen Handeln steht unter einem ganz anderen, gerade entgegengesetzten Prinzip der *Verantwortung*, als die des Beamten ist. Ehre des Beamten ist die Fähigkeit, wenn – trotz seiner Vorstellungen – die ihm vorgesetzte Behörde auf einem ihm falsch erscheinenden Befehl beharrt, ihn auf Verantwortung des Befehlenden gewissenhaft und genau so auszuführen, als ob er seiner eigenen Überzeugung entspräche: ohne diese im höchsten Sinn sittliche Disziplin und Selbstverleugnung zerfiele der ganze Apparat. Ehre des politischen Führers, also: des leitenden Staatsmannes, ist dagegen gerade die ausschließliche *Eigen*verantwortung für das, was er tut, die er nicht ablehnen oder abwälzen kann und darf. Gerade sittlich hochstehende Beamtennaturen sind schlechte, vor allem im politischen Begriff des Wortes verantwortungslose und in diesem Sinn: sittlich tiefstehende Politiker: – solche, wie wir sie leider in leitenden Stellungen immer wieder gehabt haben: das ist es, was wir »Beamtenherrschaft« nennen; und es fällt wahrlich kein Flecken auf die Ehre unseres Beamtentums, wenn wir das politisch, vom Standpunkt des Erfolges aus gewertet, Falsche dieses Systems bloßlegen. Aber kehren wir noch einmal zu den Typen der politischen Figuren zurück.

Der »Demagoge« ist seit dem Verfassungsstaat und vollends seit der Demokratie der Typus des führenden Politikers im Okzident. Der unangenehme Beigeschmack des Wortes darf nicht vergessen lassen, daß nicht Kleon, sondern Perikles der erste war, der diesen Namen trug. Amtlos oder mit dem – im Gegensatz zu den durchs Los besetzten Ämtern der antiken Demokratie – einzigen Wahlamt: dem des Oberstrategen, betraut, leitete er die souveräne Ekklesia des Demos von Athen. Die moderne Demagogie bedient sich zwar auch der Rede: in quantitativ ungeheuerlichem Umfang sogar, wenn man die Wahlreden bedenkt, die ein moderner Kandidat zu halten hat. Aber noch nachhaltiger doch: des gedruckten Worts. Der politische Publizist und vor allem der *Journalist* ist der wichtigste heutige Repräsentant der Gattung.

Die Soziologie der modernen politischen Journalistik auch nur zu skizzieren, wäre im Rahmen dieses Vortrags ganz unmöglich und ist in jeder Hinsicht ein Kapitel für sich. Nur weniges gehört unbedingt hierher. Der Journalist teilt mit allen Demagogen und übrigens – wenigstens auf dem Kontinent und im Gegensatz zu den englischen und übrigens auch zu den früheren preußischen Zuständen – auch mit dem Advokaten (und dem Künstler) das Schicksal: der festen sozialen Klassifikation zu entbehren. Er gehört zu einer Art von Pariakaste, die in der »Gesellschaft« stets nach ihren ethisch tiefststehenden Repräsentanten sozial eingeschätzt wird. Die seltsamsten Vorstellungen über die Journalisten und ihre Arbeit sind daher landläufig. Daß eine wirklich *gute* journalistische Leistung mindestens so viel »Geist« beansprucht wie irgendeine Gelehrtenleistung – vor allem infolge der Notwendigkeit, sofort, auf Kommando, hervorgebracht zu werden und: sofort *wirken* zu sollen, bei freilich ganz anderen Bedingungen der Schöpfung, ist nicht jedermann gegenwärtig. Daß die Verantwortung eine weit größere ist, und daß auch das Verantwortungs*gefühl* jedes ehrenhaften Journalisten im Durchschnitt nicht im mindesten tiefer steht als das des Gelehrten: – sondern höher, wie der Krieg gelehrt hat –, wird fast nie gewürdigt, weil naturgemäß gerade die verantwortungs*losen* journalistischen Leistungen, ihrer oft furchtbaren Wirkung wegen, im Gedächtnis haften. Daß vollends die Diskretion der irgendwie tüchtigen Journalisten durchschnittlich höher steht als die anderer Leute, glaubt niemand. Und doch ist es so. Die ganz unvergleichlich viel schwereren Versuchungen, die dieser Beruf mit sich bringt, und die sonstigen Bedingungen journalistischen Wirkens in der Gegenwart erzeugen jene Folgen, welche das Publikum gewöhnt haben, die Presse mit einer Mischung von Verachtung und – jämmerlicher Feigheit zu betrachten. Über das, was da zu tun ist, kann heute nicht gesprochen werden. Uns interessiert hier die Frage nach dem *politischen* Berufsschicksal der Journalisten, ihrer Chance, in politische Führerstellungen zu gelangen. Sie war bisher nur in der sozialdemokratischen Partei günstig. Aber innerhalb ihrer hatten Redakteurstellen weit überwiegend den Charakter einer Beamtenstellung, nicht aber waren sie die Grundlage einer *Führer*position.

In den bürgerlichen Parteien hatte sich, im ganzen genommen, gegenüber der vorigen Generation die Chance des Aufstiegs zur politischen Macht auf diesem Wege eher verschlechtert. Presseeinfluß und also Pressebeziehungen benötigte natürlich jeder Politiker von Bedeutung. Aber daß Partei*führer* aus den Reihen der Presse hervorgingen, war – man sollte es nicht erwarten – durchaus die Ausnahme. Der Grund liegt in der stark gestiegenen »Unabkömmlichkeit« des Journalisten, vor allem des vermögenslosen und also berufsgebundenen Journalisten, welche durch die ungeheure Steigerung der Intensität und Aktualität des journalistischen Betriebes bedingt ist. Die Notwendigkeit des Erwerbs durch tägliches oder doch wöchentliches Schreiben von Artikeln hängt Politikern wie ein Klotz am Bein, und ich kenne Beispiele, wo Führernaturen dadurch geradezu dauernd im Machtaufstieg äußerlich und vor allem: innerlich gelähmt worden sind. Daß die Beziehungen der Presse zu den herrschenden Gewalten im Staat und in den Parteien unter dem alten Regime dem Niveau des Journalismus so abträglich wie möglich waren, ist ein Kapitel für sich. Diese Verhältnisse lagen in den gegnerischen Ländern anders. Aber auch dort und für alle modernen Staaten galt, scheint es, der Satz: daß der journalistische Arbeiter immer weniger, der kapitalistische Pressemagnat – nach Art etwa des »Lord« Northcliffe – immer mehr politischen Einfluß gewinnt.

Bei uns waren allerdings bisher die großen kapitalistischen Zeitungskonzerne, welche sich vor allem der Blätter mit »kleinen Anzeigen«, der »Generalanzeiger«, bemächtigt hatten, in aller Regel die typischen Züchter politischer Indifferenz. Denn an selbständiger Politik war nichts zu verdienen, vor allem nicht das geschäftlich nützliche Wohlwollen der politisch herrschenden Gewalten. Das Inseratengeschäft ist auch der Weg, auf dem man während des Krieges den Versuch einer politischen Beeinflussung der Presse im großen Stil gemacht hat und jetzt, wie es scheint, fortsetzen will. Wenn auch zu erwarten ist, daß die große Presse sich dem entziehen wird, so ist die Lage für die kleinen Blätter doch weit schwieriger. Jedenfalls aber ist bei uns zurzeit die journalistische Laufbahn, so viel Reiz sie im übrigen haben und welches Maß von Einfluß und Wirkungsmöglichkeit, vor allem: von politischer Verantwortung, sie einbringen mag, nicht – man muß vielleicht abwarten, ob: nicht mehr oder: noch nicht – ein normaler Weg des Aufstiegs politischer Führer. Ob die von manchen – nicht allen – Journalisten für richtig gehaltene Aufgabe des Anonymitätsprinzips darin etwas ändern würde, läßt sich schwer sagen. Was wir in der deutschen Presse während des Krieges an »Leitung« von Zeitungen durch besonders angeworbene schriftstellerisch begabte Persönlichkeiten, die dabei stets ausdrücklich unter ihrem Namen auftraten, erlebten, hat in einigen bekannteren Fällen leider gezeigt: daß ein erhöhtes Verantwortungsgefühl auf diesem Wege *nicht* so sicher gezüchtet wird, wie man glauben könnte.

Es waren – ohne Parteiunterschied – zum Teil gerade die notorisch übelsten Boulevard-Blätter, die damit einen erhöhten Absatz erstrebten und auch erreichten. Vermögen haben die betreffenden Herren, die Verleger wie auch die Sensationsjournalisten, gewonnen, – Ehre gewiß nicht. Damit soll nun gegen das Prinzip nichts gesagt sein; die Frage liegt sehr verwickelt, und jene Erscheinung gilt auch nicht allgemein. Aber es ist *bisher* nicht der Weg zu echtem Führertum oder *verantwortlichem* Betrieb der Politik gewesen. Wie sich die Verhältnisse weiter gestalten werden, bleibt abzuwarten. Unter allen Umständen bleibt aber die journalistische Laufbahn einer der wichtigsten Wege der berufsmäßigen politischen Tätigkeit. Ein Weg nicht für jedermann. Am wenigsten für schwache Charaktere, insbesondere für Menschen, die nur in einer gesicherten ständischen Lage ihr inneres Gleichgewicht behaupten können. Wenn schon das Leben des jungen Gelehrten auf Hasard gestellt ist, so sind doch feste ständische Konventionen um ihn gebaut und hüten ihn vor Entgleisung. Das Leben des Journalisten aber ist in jeder Hinsicht Hasard schlechthin, und zwar unter Bedingungen, welche die innere Sicherheit in einer Art auf die Probe stellen wie wohl kaum eine andere Situation. Die oft bitteren Erfahrungen im Berufsleben sind vielleicht nicht einmal das Schlimmste. Gerade an den erfolgreichen Journalisten werden besonders schwierige innere Anforderungen gestellt. Es ist durchaus keine Kleinigkeit, in den Salons der Mächtigen der Erde auf scheinbar gleichem Fuß, und oft allgemein umschmeichelt, weil gefürchtet, zu verkehren und dabei zu wissen, daß, wenn man kaum aus der Tür ist, der Hausherr sich vielleicht wegen seines Verkehrs mit den »Pressebengeln« bei seinen Gästen besonders rechtfertigen muß, – wie es erst recht keine Kleinigkeit ist, über alles und jedes, was der »Markt« gerade verlangt, über alle denkbaren Probleme des Lebens, sich prompt und dabei überzeugend äußern zu sollen, ohne nicht nur der absoluten Verflachung, sondern vor allem der Würdelosigkeit der Selbstentblößung und ihren unerbittlichen Folgen zu verfallen. Nicht das ist erstaunlich, daß es viele menschlich entgleisten oder entwerteten Journalisten gibt, sondern daß trotz allem gerade diese Schicht eine so große Zahl wertvoller und ganz echter Menschen in sich schließt, wie Außenstehende es nicht leicht vermuten.

Wenn der Journalist als Typus des Berufspolitikers auf eine immerhin schon erhebliche Vergangenheit zurückblickt, so ist die Figur des *Parteibeamten* eine solche, die erst der Entwicklung der letzten Jahrzehnte und, teilweise, Jahre angehört. Wir müssen uns einer Betrachtung des Parteiwesens und der Parteiorganisation zuwenden, um diese Figur in ihrer entwicklungsgeschichtlichen Stellung zu begreifen.

In allen irgendwie umfangreichen, das heißt über den Bereich und Aufgabenkreis kleiner ländlicher Kantone hinausgehenden politischen Verbände mit periodischen Wahlen der Gewalthaber ist der politische Betrieb notwendig: *Interessentenbetrieb*. Das heißt, eine relativ kleine Zahl primär am politischen Leben, also an der Teilnahme an der politischen Macht, Interessierter schaffen sich Gefolgschaft durch freie Werbung, präsentieren sich oder ihre Schutzbefohlenen als Wahlkandidaten, sammeln die Geldmittel und gehen auf den Stimmenfang. Es ist unerfindlich, wie in großen Verbänden Wahlen ohne diesen Betrieb überhaupt sachgemäß zustande kommen sollten. Praktisch bedeutet er die Spaltung der wahlberechtigten Staatsbürger in politisch aktive und politisch passive Elemente, und da dieser Unterschied auf Freiwilligkeit beruht, so kann er durch keinerlei Maßregeln, wie Wahlpflicht oder »berufsständische« Vertretung oder dergleichen ausdrücklich oder tatsächlich gegen diesen Tatbestand und damit gegen die Herrschaft der Berufspolitiker gerichteten Vorschläge beseitigt werden. Führerschaft und Gefolgschaft, als aktive Elemente freier Werbung: der Gefolgschaft sowohl wie, durch diese, der passiven Wählerschaft für die Wahl des Führers, sind notwendige Lebenselemente jeder Partei. Verschieden aber ist ihre Struktur. Die »Parteien« etwa der mittelalterlichen Städte, wie die Guelfen und Ghibellinen, waren rein persönliche Gefolgschaften. Wenn man das Statuto della perta Guelfa ansieht, die Konfiskation der Güter der Nobili – das hieß ursprünglich aller derjenigen Familien, die ritterlich lebten, also lehnsfähig waren –, ihren Ausschluß von Ämtern und Stimmrecht, die interlokalen Parteiausschüsse und die streng militärischen Organisationen und ihre Denunziantenprämien, so fühlt man sich an den Bolschewismus mit seinen Sowjets, seinen streng gesiebten Militär- und – in Rußland vor allem – Spitzelorganisationen, der Entwaffnung und politischen Entrechtung der »Bürger«, das heißt der Unternehmer, Händler, Rentner, Geistlichen, Abkömmlinge der Dynastie, Polizeiagenten, und ihre Konfiskationen erinnert. Und wenn man auf der einen Seite sieht, daß die Militärorganisation der Partei ein nach Matrikeln zu gestaltendes reines Ritterheer war und Adlige fast alle führenden Stellen einnahmen, die Sowjets aber ihrerseits den hochentgoltenen Unternehmer, den Akkordlohn, das Taylorsystem, die Militär- und Werkstattdisziplin beibehalten oder vielmehr wieder einführen und nach ausländischem Kapital Umschau halten, mit einem Wort also: schlechthin *alle* von ihnen als bürgerliche Klasseneinrichtungen bekämpften Dinge wieder annehmen mußten, um überhaupt Staat und Wirtschaft in Betrieb zu erhalten, und daß sie überdies als Hauptinstrument ihrer Staatsgewalt die Agenten der alten Ochrana wieder in Betrieb genommen haben, so wirkt diese Analogie noch frappanter. Wir haben es aber hier nicht mit solchen Gewaltsamkeitsorganisationen zu tun, sondern mit Berufspolitikern, welche durch nüchterne »friedliche« Werbung der Partei auf dem Wahlstimmenmarkt zur Macht zu gelangen streben.

Auch diese Parteien in unserem üblichen Sinn waren zunächst, z. B. in England, reine Gefolgschaften der Aristokratie. Mit jedem aus irgendeinem Grunde erfolgenden Wechsel der Partei seitens eines Peer trat alles, was von ihm abhängig war, gleichfalls zur Gegenpartei über. Die großen Familien des Adels, nicht zuletzt der König, hatten bis zur Reformbill die Patronage einer Unmasse von Wahlkreisen. Diesen Adelsparteien nahe stehen die Honoratiorenparteien, wie sie mit Aufkommen der Macht des Bürgertums sich überall entwickelten. Die Kreise von »Bildung und Besitz« unter der geistigen Führung der typischen Intellektuellenschichten des Okzidents schieden sich, teils nach Klasseninteressen, teils nach Familientradition, teils rein ideologisch bedingt, in Parteien, die sie leiteten. Geistliche, Lehrer, Professoren, Advokaten, Ärzte, Apotheker, vermögliche Landwirte, Fabrikanten – in England jene ganze Schicht, die sich zu den gentlemen rechnet – bildeten zunächst Gelegenheitsverbände, allenfalls lokale politische Klubs; in erregten Zeiten meldete sich das Kleinbürgertum, gelegentlich einmal das Proletariat, wenn ihm Führer erstanden, die aber in aller Regel nicht aus seiner Mitte stammten. In diesem Stadium bestehen interlokal organisierte Parteien als Dauerverbände draußen im Lande überhaupt noch nicht. Den Zusammenhalt schaffen lediglich die Parlamentarier; maßgebend für die Kandidatenaufstellung sind die örtlichen Honoratioren. Die Programme entstehen teils durch die Werbeaufrufe der Kandidaten, teils in Anlehnung an Honoratiorenkongresse oder Parlamentsparteibeschlüsse. Nebenamtlich und ehrenamtlich läuft, als Gelegenheitsarbeit, die Leitung der Klubs oder, wo diese fehlen (wie meist), der gänzlich formlose Betrieb der Politik seitens der wenigen dauernd daran Interessierten in normalen Zeiten; nur der Journalist ist bezahlter Berufspolitiker, nur der Zeitungsbetrieb kontinuierlicher politischer Betrieb überhaupt. Daneben nur die Parlamentssession. Die Parlamentarier und parlamentarischen Parteileiter wissen zwar, an welche örtlichen Honoratioren man sich wendet, wenn eine politische Aktion erwünscht erscheint. Aber nur in großen Städten bestehen dauernd Vereine der Parteien mit mäßigen Mitgliederbeiträgen und periodischen Zusammenkünften und öffentlichen Versammlungen zum Rechenschaftsbericht des Abgeordneten. Leben besteht nur in der Wahlzeit.

Das Interesse der Parlamentarier an der Möglichkeit interlokaler Wahlkompromisse und an der Schlagkraft einheitlicher, von breiten Kreisen des ganzen Landes anerkannter Programme und einheitlicher Agitation im Lande überhaupt bildet die Triebkraft des immer strafferen Parteizusammenschlusses. Aber wenn nun ein Netz von örtlichen Parteivereinen auch in den mittleren Städten und daneben von »Vertrauensmännern« über das Land gespannt wird, mit denen ein Mitglied der Parlamentspartei als Leiter des zentralen Parteibureaus in dauernder Korrespondenz steht, bleibt im Prinzip der Charakter des Parteiapparates als eines Honoratiorenverbandes unverändert. Bezahlte Beamte fehlen außerhalb des Zentralbureaus noch; es sind durchweg »angesehene« Leute, welche um der Schätzung willen, die sie sonst genießen, die örtlichen Vereine leiten: die außerparlamentarischen »Honoratioren«, die neben der politischen Honoratiorenschicht der einmal im Parlament sitzenden Abgeordneten Einfluß üben. Die geistige Nahrung für Presse und örtliche Versammlungen beschafft allerdings zunehmend die von der Partei herausgegebene Parteikorrespondenz. Regelmäßige Mitgliederbeiträge werden unentbehrlich; ein

Bruchteil muß den Geldkosten der Zentrale dienen. In diesem Stadium befanden sich noch vor nicht allzu langer Zeit die meisten deutschen Parteiorganisationen. In Frankreich vollends herrschte teilweise noch das erste Stadium: der ganz labile Zusammenschluß der Parlamentarier und im Lande draußen die kleine Zahl der örtlichen Honoratioren, Programme durch die Kandidaten oder für sie von ihren Schutzpatronen im Einzelfall bei der Bewerbung aufgestellt, wenn auch unter mehr oder minder örtlicher Anlehnung an Beschlüsse und Programme der Parlamentarier. Erst teilweise war dies System durchbrochen. Die Zahl der hauptberuflichen Politiker war dabei gering und setzte sich im wesentlichen aus den gewählten Abgeordneten, den wenigen Angestellten der Zentrale, den Journalisten und – in Frankreich – im übrigen aus jenen Stellenjägern zusammen, die sich in einem »politischen Amt« befanden oder augenblicklich ein solches erstrebten. Die Politik war formell weit überwiegend Nebenberuf. Auch die Zahl der »ministrablen« Abgeordneten war eng begrenzt, aber wegen des Honoratiorencharakters auch die der Wahlkandidaten. Die Zahl der indirekt an dem politischen Betrieb, vor allem materiell, Interessierten war aber sehr groß. Denn alle Maßregeln eines Ministeriums und vor allem alle Erledigungen von Personalfragen ergingen unter der Mitwirkung der Frage nach ihrem Einfluß auf die Wahlchancen, und alle und jede Art von Wünschen suchte man durch Vermittlung des örtlichen Abgeordneten durchzusetzen, dem der Minister, wenn er zu seiner Mehrheit gehörte – und das erstrebte daher jedermann –, wohl oder übel Gehör schenken mußte. Der einzelne Deputierte hatte die Amtspatronage und überhaupt jede Art von Patronage in allen Angelegenheiten seines Wahlkreises und hielt seinerseits, um wiedergewählt zu werden, Verbindung mit den örtlichen Honoratioren.

Diesem idyllischen Zustand der Herrschaft von Honoratiorenkreisen und vor allem: der Parlamentarier, stehen nun die modernsten Formen der Parteiorganisation scharf abweichend gegenüber. Sie sind Kinder der Demokratie, des Massenwahlrechts, der Notwendigkeit der Massenwerbung und Massenorganisation, der Entwicklung höchster Einheit der Leitung und strengster Disziplin. Die Honoratiorenherrschaft und die Lenkung durch die Parlamentarier hört auf. »Hauptberufliche« Politiker *außerhalb* der Parlamente nehmen den Betrieb in die Hand. Entweder als »Unternehmer« – wie der amerikanische Boss und auch der englische »Election agent« es der Sache nach waren – oder als fest besoldeter Beamter. Formell findet eine weitgehende Demokratisierung statt. Nicht mehr die Parlamentsfraktion schafft die maßgeblichen Programme und nicht mehr die örtlichen Honoratioren haben die Aufstellung der Kandidaten in der Hand, sondern Versammlungen der organisierten Parteimitglieder wählen die Kandidaten aus und delegieren Mitglieder in die Versammlungen höherer Ordnung, deren es bis zum allgemeinen »Parteitag« hinauf möglicherweise mehrere gibt. Der Tatsache nach liegt aber natürlich die Macht in den Händen derjenigen, welche *kontinuierlich* innerhalb des Betriebes die Arbeit leisten, oder aber derjenigen, von welchen – z. B. als Mäcenaten oder Leitern mächtiger politischer Interessentenklubs (Tammany-Hall) – der Betrieb in seinem Gang pekuniär oder personal abhängig ist. Das Entscheidende ist, daß dieser ganze Menschenapparat – die »Maschine«, wie man ihn in den angelsächsischen Ländern bezeichnenderweise nennt – oder vielmehr diejenigen, die ihn leiten, den Parlamentariern Schach bieten und ihnen ihren Willen ziemlich weitgehend aufzuzwingen in der Lage sind. Und das hat besonders Bedeutung für die Auslese der *Führung* der Partei. Führer wird nun derjenige, dem die Maschine folgt, auch über den Kopf des Parlaments. Die Schaffung solcher Maschinen bedeutet, mit anderen Worten, den Einzug der *plebiszitären* Demokratie.

Die Parteigefolgschaft, vor allem der Parteibeamte und -unternehmer, erwarten vom Siege ihres Führers selbstverständlich persönliches Entgelt: Ämter oder andere Vorteile. Von ihm – nicht oder doch nicht nur von den einzelnen Parlamentariern: das ist das Entscheidende. Sie erwarten vor allem: daß die demagogische Wirkung der Führer*persönlichkeit* im Wahlkampf der Partei Stimmen und Mandate, damit Macht zuführen und dadurch jene Chancen ihrer Anhänger, für sich den erhofften Entgelt zu finden, möglichst ausweiten werde. Und ideell ist die Genugtuung, für einen Menschen in gläubiger persönlicher Hingabe und nicht nur für ein abstraktes Programm einer aus Mittelmäßigkeiten bestehenden Partei zu arbeiten: – dies »charismatische« Element allen Führertums, – eine der Triebfedern.

In sehr verschiedenem Maß und in stetem latenten Kampf mit den um ihren Einfluß ringenden örtlichen Honoratioren und den Parlamentariern rang sich diese Form durch. In den bürgerlichen Parteien zuerst in den Vereinigten Staaten, dann in der sozialdemokratischen Partei vor allem Deutschlands. Stete Rückschläge treten ein, sobald einmal kein allgemein anerkannter Führer da ist, und Konzessionen aller Art müssen, auch wenn er da ist, der Eitelkeit und Interessiertheit der Parteihonoratioren gemacht werden. Vor allem aber kann auch die Maschine unter die Herrschaft der Partei*beamten* geraten, in deren Händen die regelmäßige Arbeit liegt. Nach Ansicht mancher sozialdemokratischer Kreise sei ihre Partei dieser »Bureaukratisierung« verfallen gewesen. Indessen »Beamte« fügen sich einer demagogisch stark wirkenden Führerpersönlichkeit relativ leicht: ihre materiellen und ideellen Interessen sind ja intim mit der durch ihn erhofften Auswirkung der Parteimacht verknüpft, und die Arbeit für einen Führer ist an sich innerlich befriedigender. Weit schwerer ist der Aufstieg von Führern da, wo – wie in den bürgerlichen Parteien meist – neben den Beamten die »Honoratioren« den Einfluß auf die Partei in Händen haben. Denn diese »machen« *ideell* »ihr Leben« aus dem Vorstands- oder Ausschußmitgliedspöstchen, das sie innehaben. Ressentiment gegen den Demagogen als homo novus, die Überzeugung von der Überlegenheit parteipolitischer »Erfahrung« – die nun einmal auch tatsächlich von erheblicher Bedeutung ist – und die ideologische Besorgnis vor dem Zerbrechen der alten Parteitraditionen bestimmen ihr Handeln. Und in der Partei haben sie alle traditionalistischen Elemente für sich. Vor allem der ländliche, aber auch der kleinbürgerliche Wähler sieht auf den ihm von alters her vertrauten Honoratiorennamen und mißtraut dem ihm unbekannten Mann, um freilich, *wenn* dieser einmal den Erfolg für sich gehabt hat, nun ihm um so unerschütterlicher anzuhängen. Sehen wir uns an einigen Hauptbeispielen dieses Ringen der beiden Strukturformen und das namentlich von Ostrogorski geschilderte Hochkommen der plebiszitären Form einmal an.

Zunächst England: dort war die Parteiorganisation bis 1868 eine fast reine Honoratioren-Organisation. Die Tories stützten sich auf dem Lande etwa auf den anglikanischen Pfarrer, daneben – meist – den Schulmeister und vor allem die Großbesitzer der betreffenden county, die Whigs meist auf solche Leute wie den nonconformistischen Prediger (wo es ihn gab), den Posthalter, Schmied, Schneider, Seiler, solche Handwerker also, von denen – weil man mit ihnen am meisten plaudern kann – politischer Einfluß ausgehen konnte. In der Stadt schieden sich die Parteien teils nach ökonomischen, teils nach religiösen, teils einfach nach in den Familien überkommenen Parteimeinungen. Immer aber waren Honoratioren die Träger des politischen Betriebes. Darüber schwebte das Parlament und die Parteien mit dem Kabinett und mit dem »leader«, der der Vorsitzende des Ministerrates oder der Opposition war. Dieser leader hatte neben sich die wichtigste berufspolitische Persönlichkeit der Parteiorganisation: den »Einpeitscher« (whip). In seinen Händen lag die Ämterpatronage; an ihn hatten sich also die Stellenjäger zu wenden, er benahm sich darüber mit den Deputierten der einzelnen Wahlkreise. In diesen begann sich langsam eine Berufspolitikerschicht zu entwickeln, indem lokale Agenten geworben wurden, die zunächst unbezahlt waren und ungefähr die Stellung unserer »Vertrauensmänner« einnahmen. Daneben aber entwickelte sich für die Wahlkreise eine kapitalistische Unternehmergestalt: der »Election Agent«, dessen Existenz in der modernen, die Wahlreinheit sichernden Gesetzgebung Englands unvermeidlich war. Diese Gesetzgebung versuchte, die Wahlkosten zu kontrollieren und der Macht des Geldes entgegenzutreten, indem sie den Kandidaten verpflichtete, anzugeben, was ihn die Wahl gekostet hatte: denn der Kandidat hatte – weit mehr, als dies früher auch bei uns vorkam – außer den Strapazen seiner Stimme auch das Vergnügen, den Geldbeutel zu ziehen. Der Election Agent ließ sich von ihm eine Pauschalsumme zahlen, wobei er ein gutes Geschäft zu machen pflegte. – In der Machtverteilung zwischen »leader« und Parteihonoratioren, im Parlament und im Lande, hatte der erstere in England von jeher, aus zwingenden Gründen der Ermöglichung einer großen und dabei stetigen Politik, eine sehr bedeutende Stellung. Immerhin war aber der Einfluß auch der Parlamentarier und Parteihonoratioren noch erheblich.

So etwa sah die alte Parteiorganisation aus, halb Honoratiorenwirtschaft, halb bereits Angestellten- und Unternehmerbetrieb. Seit 1868 aber entwickelte sich zuerst für lokale Wahlen in Birmingham, dann im ganzen Lande, das »Caucus«-System. Ein nonconformistischer Pfarrer und neben ihm Josef Chamberlain riefen dieses System ins Leben. Anlaß war die Demokratisierung des Wahlrechts. Zur Massengewinnung wurde es notwendig, einen ungeheuren Apparat von demokratisch aussehenden Verbänden ins Leben zu rufen, in jedem Stadtquartier einen Wahlverband zu bilden, unausgesetzt den Betrieb in Bewegung zu halten, alles straff zu bureaukratisieren: zunehmend angestellte bezahlte Beamte, von den lokalen Wahlkomitees, in denen bald im ganzen vielleicht 10% der Wähler organisiert waren, gewählte Hauptvermittler mit Kooptationsrecht als formelle Träger der Parteipolitik. Die treibende Kraft waren die lokalen, vor allem die an der Kommunalpolitik – überall der Quelle der fettesten materiellen Chancen – interessierten Kreise, die auch die Finanzmittel in erster Linie aufbrachten. Diese neuentstehende, nicht mehr parlamentarisch geleitete Maschine hatte sehr bald Kämpfe mit den bisherigen Machthabern zu führen, vor allem mit dem whip, bestand aber, gestützt auf die lokalen Interessenten, den Kampf derart siegreich, daß der whip sich fügen und mit ihr paktieren mußte. Das Resultat war eine Zentralisation der ganzen Gewalt in der Hand der wenigen und letztlich der einen Person, die an der Spitze der Partei stand. Denn in der liberalen Partei war das ganze System aufgekommen in Verbindung mit dem Emporsteigen Gladstones zur Macht. Das Faszinierende der Gladstoneschen »großen« Demagogie, der feste Glaube der Massen an den ethischen Gehalt seiner Politik und vor allem an den ethischen Charakter seiner Persönlichkeit war es, der diese Maschine so schnell zum Siege über die Honoratioren führte. Ein cäsaristisch-plebiszitäres Element in der Politik: der Diktator des Wahlschlachtfeldes, trat auf den Plan. Das äußerte sich sehr bald. 1877 wurde der Caucus zum erstenmal bei den staatlichen Wahlen tätig. Mit glänzendem Erfolg: Disraelis Sturz mitten in seinen großen Erfolgen war das Resultat. 1866 war die Maschine bereits derart vollständig charismatisch an der Person orientiert, daß, als die Home-rule-Frage aufgerollt wurde, der ganze Apparat von oben bis unten nicht fragte: Stehen wir sachlich auf dem Boden Gladstones?, sondern einfach auf das Wort Gladstones mit ihm abschwenkte und sagte: Was er tut, wir folgen ihm – und seinen eigenen Schöpfer, Chamberlain, im Stich ließ.

Diese Maschinerie bedarf eines erheblichen Personenapparates. Es sind immerhin wohl 2000 Personen in England, die direkt von der Politik der Parteien leben. Sehr viel zahlreicher sind freilich diejenigen, die rein als Stellenjäger oder als Interessenten in der Politik mitwirken, namentlich innerhalb der Gemeindepolitik. Neben den ökonomischen Chancen stehen für den brauchbaren Caucus-Politiker Eitelkeitschancen. »J. P.« oder gar »M. P.« zu werden, ist naturgemäß Streben des höchsten (normalen) Ehrgeizes, und solchen Leuten, die eine gute Kinderstube aufzuweisen hatten, »gentlemen« waren, wird das zuteil. Als Höchstes winkte, insbesondere für große Geldmäzenaten – die Finanzen der Parteien beruhten zu vielleicht 50% auf Spenden ungenannt bleibender Geber – die Peers-Würde.

Was war nun der Effekt des ganzen Systems? Daß heute die englischen Parlamentarier mit Ausnahme der paar Mitglieder des Kabinetts (und einiger Eigenbrödler) normalerweise nichts andres als gut diszipliniertes Stimmvieh sind. Bei uns im Reichstag pflegte man zum mindesten durch Erledigung von Privatkorrespondenz auf dem Schreibtisch vor seinem Platz zu markieren, daß man für das Wohl des Landes tätig sei. Derartige Gesten werden in England nicht verlangt; das Parlamentsmitglied hat nur zu stimmen und nicht Parteiverrat zu begehen; es hat zu erscheinen, wenn die Einpeitscher rufen, zu tun, was je nachdem das Kabinett oder was der leader der Opposition verfügt. Die Caucus-Maschine draußen im Lande vollends ist, wenn ein starker Führer da ist, fast gesinnungslos und ganz in den Händen des leader. Über dem Parlament steht also damit der faktisch plebiszitäre Diktator, der die Massen vermittelst der »Maschine« hinter sich bringt, und für den die Parlamentarier nur politische Pfründner sind, die in seiner Gefolgschaft stehen.

Wie findet nun die Auslese dieser Führerschaft statt? Zunächst: nach welcher Fähigkeit? Dafür ist – nächst den überall in der Welt entscheidenden Qualitäten des Willens – natürlich die

Macht der demagogischen Rede vor allem maßgebend. Ihre Art hat sich geändert von den Zeiten her, wo sie sich, wie bei Cobden, an den Verstand wandte, zu Gladstone, der ein Techniker des scheinbar nüchternen »die-Tatsachen-sprechen-lassens« war, bis zur Gegenwart, wo vielfach rein emotional mit Mitteln, wie sie auch die Heilsarmee verwendet, gearbeitet wird, um die Massen in Bewegung zu setzen. Den bestehenden Zustand darf man wohl eine »Diktatur, beruhend auf der Ausnutzung der Emotionalität der Massen«, nennen. – Aber das sehr entwickelte System der Komiteearbeit im englischen Parlament ermöglicht es und zwingt auch jeden Politiker, der auf Teilnahme an der Führung reflektiert, dort mitzu*arbeiten*. Alle erheblichen Minister der letzten Jahrzehnte haben diese sehr reale und wirksame Arbeitsschulung hinter sich, und die Praxis der Berichterstattung und öffentlichen Kritik an diesen Beratungen bedingt es, daß diese Schule eine wirkliche Auslese bedeutet und den bloßen Demagogen ausschaltet.

So in England. Das dortige caucus-System war aber nur eine abgeschwächte Form, verglichen mit der amerikanischen Parteiorganisation, die das plebiszitäre Prinzip besonders früh und besonders rein zur Ausprägung brachte. Das Amerika Washingtons sollte nach seiner Idee ein von »gentlemen« verwaltetes Gemeinwesen sein. Ein gentleman war damals auch drüben ein Grundherr oder ein Mann, der Collegeerziehung hatte. So war es auch zunächst. Als sich Parteien bildeten, nahmen anfangs die Mitglieder des Repräsentantenhauses in Anspruch, Leiter zu sein wie in England zur Zeit der Honoratiorenherrschaft. Die Parteiorganisation war ganz locker. Das dauerte bis 1824. Schon vor den zwanziger Jahren war in manchen Gemeinden – die auch hier die erste Stätte der modernen Entwicklung waren – die Parteimaschine im Werden. Aber erst die Wahl von Andrew Jackson zum Präsidenten, des Kandidaten der Bauern des Westens, warf die alten Traditionen über den Haufen. Das formelle Ende der Leitung der Parteien durch führende Parlamentarier ist bald nach 1840 eingetreten, als die großen Parlamentarier – Calhoun, Webster – aus dem politischen Leben ausschieden, weil das Parlament gegenüber der Parteimaschine draußen im Lande fast jede Macht verloren hatte. Daß die plebiszitäre »Maschine« in Amerika sich so früh entwickelte, hatte seinen Grund darin, daß dort, und nur dort, das Haupt der Exekutive und – darauf kam es an – der Chef der Amtspatronage ein plebiszitär gewählter Präsident und daß er infolge der »Gewaltenteilung« in seiner Amtsführung vom Parlament fast unabhängig war. Ein richtiges Beuteobjekt von Amtspfründen winkte also als Lohn des Sieges gerade bei der Präsidentenwahl. Durch das von Andrew Jackson nun ganz systematisch zum Prinzip erhobene »spoil system« wurde die Konsequenz daraus gezogen.

Was bedeutet dies spoil system – die Zuwendung aller Bundesämter an die Gefolgschaft des siegreichen Kandidaten – für die Parteibildung heute? Daß ganz gesinnungslose Parteien einander gegenüberstehen, reine Stellenjägerorganisationen, die für den einzelnen Wahlkampf ihre wechselnden Programme je nach der Chance des Stimmenfanges machen – in einem Maße wechselnd, wie dies trotz aller Analogien doch anderwärts sich nicht findet. Die Parteien sind eben ganz und gar zugeschnitten auf den für die Amtspatronage wichtigsten Wahlkampf: den um die Präsidentschaft der Union und um die Governorstellen der Einzelstaaten. Programme und Kandidaten werden in den »Nationalkonventionen« der Parteien ohne Intervention der Parlamentarier festgestellt: – von Parteitagen also, die formell sehr demokratisch von Delegiertenversammlungen beschickt wurden, welche ihrerseits ihr Mandat den »primaries«, den Urwählerversammlungen der Partei, verdanken. Schon in den primaries werden die Delegierten auf den Namen der Staatsoberhauptskandidaten gewählt; *innerhalb* der einzelnen Parteien tobt der erbittertste Kampf um die Frage der »Nomination«. In den Händen des Präsidenten liegen immerhin 300 000-400 000 Beamtenernennungen, die von ihm, nur unter Zuziehung von Senatoren der Einzelstaaten, vollzogen werden. Die Senatoren sind also mächtige Politiker. Das Repräsentantenhaus dagegen ist politisch relativ sehr machtlos, weil ihm die Beamtenpatronage entzogen ist, und die Minister, reine Gehilfen des vom Volk gegen jedermann, auch das Parlament legitimierten Präsidenten, unabhängig vom seinem Vertrauen oder Mißtrauen ihres Amtes walten können: eine Folge der »Gewaltenteilung«.

Das dadurch gestützte spoil system war in Amerika technisch *möglich*, weil bei der Jugend der amerikanischen Kultur eine reine Dilettantenwirtschaft ertragen werden konnte. Denn 300 000-

–400 000 solcher Parteileute, die nichts für ihre Qualifikation anzuführen hatten als die Tatsache, daß sie ihrer Partei gute Dienste geleistet hatten, – dieser Zustand konnte selbstverständlich nicht bestehen ohne ungeheure Übelstände: Korruption und Vergeudung ohnegleichen, die nur ein Land mit noch unbegrenzten ökonomischen Chancen ertrug.

Diejenige Figur nun, die mit diesem System der plebiszitären Parteimaschine auf der Bildfläche erscheint, ist: der »Boss«. Was ist der Boss? Ein politischer kapitalistischer Unternehmer, der für seine Rechnung und Gefahr Wahlstimmen herbeischafft. Er kann als Rechtsanwalt oder Kneipwirt oder Inhaber ähnlicher Betriebe oder etwa als Kreditgeber seine ersten Beziehungen gewonnen haben. Von da aus spinnt er seine Fäden weiter, bis er eine bestimmte Anzahl von Stimmen zu »kontrollieren« vermag. Hat er es so weit gebracht, so tritt er mit den Nachbarbosses in Verbindung, erregt durch Eifer, Geschicklichkeit und vor allen Dingen: Diskretion die Aufmerksamkeit derjenigen, die es in der Karriere schon weiter gebracht haben, und steigt nun auf. Der Boss ist unentbehrlich für die Organisation der Partei. Die liegt zentralisiert in seiner Hand. Er beschafft sehr wesentlich die Mittel. Wie kommt er zu ihnen? Nun, teilweise durch Mitgliederbeiträge; vor allem durch Besteuerung der Gehälter jener Beamten, die durch ihn und seine Partei ins Amt kamen. Dann durch Bestechungs- und Trinkgelder. Wer eines der zahlreichen Gesetze ungestraft verletzen will, bedarf der Konnivenz der Bosses und muß sie bezahlen. Sonst erwachsen ihm unweigerlich Unannehmlichkeiten. Aber damit allein ist das erforderliche Betriebskapital noch nicht beschafft. Der Boss ist unentbehrlich als direkter Empfänger des Geldes der großen Finanzmagnaten. Die würden keinem bezahlten Parteibeamten oder irgendeinem öffentlich rechnunglegenden Menschen überhaupt Geld für Wahlzwecke anvertrauen. Der Boss mit seiner klüglichen Diskretion in Geldsachen ist selbstverständlich der Mann derjenigen kapitalistischen Kreise, welche die Wahl finanzieren. Der typische Boss ist ein absolut nüchterner Mann. Er strebt nicht nach sozialer Ehre; der »professional« ist verachtet innerhalb der »guten Gesellschaft«. Er sucht ausschließlich Macht, Macht als Geldquelle, aber auch: um ihrer selbst willen. Er arbeitet im Dunklen, das ist sein Gegensatz zum englischen leader. Man wird ihn selbst nicht öffentlich reden hören; er suggeriert den Rednern, was sie in zweckmäßiger Weise zu sagen haben, er selbst aber schweigt. Er nimmt in aller Regel kein Amt an, außer dem des Senators im Bundessenat. Denn da die Senatoren an der Amtspatronage kraft Verfassung beteiligt sind, sitzen die leitenden Bosses oft in Person in dieser Körperschaft. Die Vergebung der Ämter erfolgt in erster Linie nach der Leistung für die Partei. Aber auch der Zuschlag gegen Geldgebote kam vielfach vor, und es existierten für einzelne Ämter bestimmte Taxen: ein Ämterverkaufssystem, wie es die Monarchien des 17. und 18. Jahrhunderts mit Einschluß des Kirchenstaates ja auch vielfach kannten.

Der Boss hat keine festen politischen »Prinzipien«, er ist vollkommen gesinnungslos und fragt nur: Was fängt Stimmen? Er ist nicht selten ein ziemlich schlecht erzogener Mann. Er pflegt aber in seinem Privatleben einwandfrei und korrekt zu leben. Nur in seiner politischen Ethik paßt er sich naturgemäß der einmal gegebenen Durchschnittsethik des politischen Handelns an, wie sehr viele von uns in der Zeit des Hamsterns auch auf dem Gebiete der ökonomischen Ethik getan haben dürften. Daß man ihn als »professional«, als Berufspolitiker, gesellschaftlich verachtet, ficht ihn nicht an. Daß er selbst nicht in die großen Ämter der Union gelangt und gelangen will, hat dabei den Vorzug: daß nicht selten parteifremde Intelligenzen: Notabilitäten also, und nicht immer wieder die alten Parteihonoratioren wie bei uns, in die Kandidatur hineinkommen, wenn die Bosses sich davon Zugkraft bei den Wahlen versprechen. Gerade die Struktur dieser gesinnungslosen Parteien mit ihren gesellschaftlich verachteten Machthabern hat daher tüchtigen Männern zur Präsidentschaft verholfen, die bei uns niemals hochgekommen wären. Freilich, gegen einen Outsider, der ihren Geld- und Machtquellen gefährlich werden könnte, sträuben sich die Bosses. Aber im Konkurrenzkampf um die Gunst der Wähler haben sie nicht selten sich zur Akzeptierung gerade von solchen Kandidaten herbeilassen müssen, die als Korruptionsgegner galten.

Hier ist also ein stark kapitalistischer, von oben bis unten straff durchorganisierter Parteibetrieb vorhanden, gestützt auch durch die überaus festen, ordensartig organisierten Klubs von der Art von Tammany Hall, die ausschließlich die Profiterzielung durch politische Beherrschung vor allem von Kommunalverwaltungen – auch hier des wichtigsten Ausbeutungsobjektes – erstreben. Möglich war diese Struktur des Parteilebens infolge der hochgradigen Demokratie der Vereinigten Staaten als eines »Neulandes«. Dieser Zusammenhang nun bedingt, daß dies System im langsamen Absterben begriffen ist. Amerika kann nicht mehr nur durch Dilettanten regiert werden. Von amerikanischen Arbeitern bekam man noch vor 15 Jahren auf die Frage, warum sie sich so von Politikern regieren ließen, die sie selbst zu verachten erklärten, die Antwort: »Wir haben lieber Leute als Beamte, auf die wir spucken, als wie bei euch eine Beamtenkaste, die auf uns spuckt.« Das war der alte Standpunkt amerikanischer »Demokratie«: die Sozialisten dachten schon damals völlig anders. Der Zustand wird nicht mehr ertragen. Die Dilettantenverwaltung reicht nicht mehr aus, und die Civil Service Reform schafft lebenslängliche pensionsfähige Stellen in stets wachsender Zahl und bewirkt so, daß auf der Universität geschulte Beamte, genau so unbestechlich und tüchtig wie die unsrigen in die Ämter kommen. Rund 100 000 Ämter sind schon jetzt nicht mehr im Wahlturnus Beuteobjekt, sondern pensionsfähig und an Qualifikationsnachweis geknüpft. Das wird das spoil system langsam mehr zurücktreten lassen, und die Art der Parteileitung wird sich dann wohl ebenfalls umbilden, wir wissen nur noch nicht, wie.

In *Deutschland* waren die entscheidenden Bedingungen des politischen Betriebes bisher im wesentlichen folgende. Erstens: Machtlosigkeit der Parlamente. Die Folge war: daß kein Mensch, der Führerqualität hatte, dauernd hineinging. Gesetzt den Fall, man wollte hineingehen, – was konnte man dort tun? Wenn eine Kanzleistelle frei wurde, konnte man dem betreffenden Verwaltungschef sagen: ich habe in meinem Wahlkreis einen sehr tüchtigen Mann, der wäre geeignet, nehmen sie den doch. Und das geschah gern. Das war aber so ziemlich alles, was ein deutscher Parlamentarier für die Befriedigung seiner Machtinstinkte erreichen konnte, – wenn er solche hatte. Dazu trat – und dies zweite Moment bedingte das erste –: die ungeheure Bedeutung des geschulten Fachbeamtentums in Deutschland. Wir waren darin die ersten der Welt. Diese Bedeutung brachte es mit sich, daß dies Fachbeamtentum nicht nur die Fachbeamtenstellen, sondern auch die Ministerposten für sich beanspruchte. Im bayerischen Landtag ist es gewesen, wo im vorigen Jahr, als die Parlamentarisierung zur Diskussion stand, gesagt wurde: die begabten Leute werden dann nicht mehr Beamte werden, wenn man die Parlamentarier in die Ministerien setzt. Die Beamtenverwaltung entzog sich überdies systematisch einer solchen Art von Kontrolle, wie sie die englischen Komitee-Erörterungen bedeuten, und setzte so die Parlamente außer stand – von wenigen Ausnahmen abgesehen –, wirklich brauchbare Verwaltungschefs in ihrer Mitte heranzubilden.

Das dritte war, daß wir in Deutschland, im Gegensatz zu Amerika, gesinnungspolitische Parteien hatten, die zum mindesten mit subjektiver bona fides behaupteten, daß ihre Mitglieder »Weltanschauungen« verträten. Die beiden wichtigsten dieser Parteien: das Zentrum einerseits, die Sozialdemokratie andererseits, waren nun aber geborene Minoritätsparteien und zwar nach ihrer eigenen Absicht. Die führenden Zentrumskreise im Reich haben nie ein Hehl daraus gemacht, daß sie deshalb gegen den Parlamentarismus seien, weil sie fürchteten, in die Minderheit zu kommen und ihnen dann die Unterbringung von Stellenjägern wie bisher, durch Druck auf die Regierung, erschwert würde. Die Sozialdemokratie war prinzipielle Minderheitspartei und ein Hemmnis der Parlamentarisierung, weil sie sich mit der gegebenen politisch-bürgerlichen Ordnung nicht beflecken wollte. Die Tatsache, daß beide Parteien sich ausschlossen vom parlamentarischen System, machte dieses unmöglich.

Was wurde dabei aus den deutschen Berufspolitikern? Sie hatten keine Macht, keine Verantwortung, konnten nur eine ziemlich subalterne Honoratiorenrolle spielen und waren infolgedessen neuerlich beseelt von den überall typischen Zunftinstinkten. Es war unmöglich, im Kreise dieser Honoratioren, die ihr Leben aus ihrem kleinen Pöstchen machten, hoch zu steigen für einen ihnen nicht gleichgearteten Mann. Ich könnte aus jeder Partei, selbstverständlich die Sozialdemokratie nicht ausgenommen, zahlreiche Namen nennen, die Tragödien der politischen Laufbahn bedeuteten, weil der Betreffende Führerqualitäten hatte und um eben deswillen von den Honoratioren nicht geduldet wurde. Diesen Weg der Entwicklung zur Honoratiorenzunft sind alle unsere Parteien gegangen. Bebel z. B. war noch ein Führer, dem Temperament und der Lauterkeit des Charakters nach, so bescheiden sein Intellekt war. Die Tatsache, daß er Märtyrer war, daß er das Vertrauen der Massen niemals täuschte (in deren Augen), hatte zur Folge, daß er sie schlechthin hinter sich hatte und es keine Macht innerhalb der Partei gab, die ernsthaft gegen ihn hätte auftreten können. Nach seinem Tode hatte das ein Ende, und die Beamtenherrschaft begann. Gewerkschaftsbeamte, Parteisekretäre, Journalisten kamen in die Höhe, Beamteninstinkte beherrschten die Partei, ein höchst ehrenhaftes Beamtentum – selten ehrenhaft darf man, mit Rücksicht auf die Verhältnisse anderer Länder, besonders im Hinblick auf die oft bestechlichen Gewerkschaftsbeamten in Amerika, sagen –, aber die früher erörterten Konsequenzen der Beamtenherrschaft traten auch in der Partei ein.

Die bürgerlichen Parteien wurden seit den achtziger Jahren vollends Honoratiorenzünfte. Gelegentlich zwar mußten die Parteien zu Reklamezwecken außerparteiliche Intelligenzen heranziehen, um sagen zu können: »diese und diese Namen haben wir«. Möglichst vermieden sie es, dieselben in die Wahl hineinkommen zu lassen, und nur wo es unvermeidlich war, der Betreffende es sich nicht anders gefallen ließ, geschah es.

Im Parlamente war der gleiche Geist. Unsere Parlamentsparteien waren und sind Zünfte. Jede Rede, die gehalten wird im Plenum des Reichstages, ist vorher durchrezensiert in der Partei. Das merkt man ihrer unerhörten Langeweile an. Nur wer als Redner bestellt ist, kann zu Wort kommen. Ein stärkerer Gegensatz gegen die englische, aber auch – aus ganz entgegengesetzten Gründen – die französische Gepflogenheit ist kaum denkbar.

Jetzt ist infolge des gewaltigen Zusammenbruchs, den man Revolution zu nennen pflegt, vielleicht eine Umwandlung im Gange. Vielleicht – nicht sicher. Zunächst traten Ansätze zu neuen Arten von Parteiapparaten auf. Erstens Amateurapparate. Besonders oft vertreten durch Studenten der verschiedenen Hochschulen, die einem Mann, dem sie Führerqualitäten zuschreiben, sagen: wir wollen für Sie die nötige Arbeit versehen, führen Sie sie aus. Zweitens geschäftsmännische Apparate. Es kam vor, daß Leute zu Männern kamen, denen sie Führerqualitäten zuschrieben, und sich erboten, gegen feste Beträge für jede Wahlstimme die Werbung zu übernehmen. – Wenn Sie mich ehrlich fragen würden, welchen von diesen beiden Apparaten ich unter rein technisch-politischen Gesichtspunkten für verläßlicher halten wollte, so würde ich, glaube ich, den letzteren vorziehen. Aber beides waren schnell aufsteigende Blasen, die rasch wieder verschwanden. Die vorhandenen Apparate schichteten sich um, arbeiteten aber weiter. Jene Erscheinungen waren nur ein Symptom dafür, daß die neuen Apparate sich vielleicht schon einstellen würden, wenn nur – die Führer da wären. Aber schon die technische Eigentümlichkeit des Verhältniswahlrechts schloß deren Hochkommen aus. Nur ein paar Diktatoren der Straße entstanden und gingen wieder unter. Und nur die Gefolgschaft der Straßendiktatur ist in fester Disziplin organisiert: daher die Macht dieser verschwindenden Minderheiten.

Nehmen wir an, das änderte sich, so muß man sich nach dem früher Gesagten klarmachen: die Leitung der Parteien durch plebiszitäre Führer bedingt die »Entseelung« der Gefolgschaft, ihre geistige Proletarisierung, könnte man sagen. Um für den Führer als Apparat brauchbar zu sein, muß sie blind gehorchen, Maschine im amerikanischen Sinne sein, nicht gestört durch Honoratioreneitelkeit und Prätensionen eigener Ansichten. Lincolns Wahl war nur durch diesen Charakter der Parteiorganisation möglich, und bei Gladstones trat, wie erwähnt, das gleiche im Caucus ein. Es ist das eben der Preis, womit man die Leitung durch Führer zahlt. Aber es gibt nur die Wahl: Führerdemokratie mit »Maschine« oder führerlose Demokratie, das heißt: die Herrschaft der »Berufspolitiker« ohne Beruf, ohne die inneren, charismatischen Qualitäten, die eben zum Führer machen. Und das bedeutet dann das, was die jeweilige Parteifronde gewöhnlich als Herrschaft des »Klüngels« bezeichnet. Vorläufig haben wir nur dies letztere in Deutschland. Und für die Zukunft wird der Fortbestand, im Reich wenigstens, begünstigt einmal dadurch, daß doch wohl der Bundesrat wiedererstehen und notwendig die Macht des Reichstages und damit seine Bedeutung als Auslesestelle von Führern beschränken wird. Ferner durch das Verhältniswahlrecht, so wie es jetzt gestaltet ist: eine typische Erscheinung der führerlosen Demokratie, nicht nur weil es den Kuhhandel der Honoratioren um die Placierung begünstigt, sondern auch weil es künftig den Interessentenverbänden die Möglichkeit gibt, die Aufnahme ihrer Beamten in die Listen zu erzwingen und so ein unpolitisches Parlament zu schaffen, in dem echtes Führertum keine Stätte findet. Das einzige Ventil für das Bedürfnis nach Führertum könnte der Reichspräsident werden, wenn er plebiszitär, nicht parlamentarisch, gewählt wird. Führertum auf dem Boden der Arbeitsbewährung könnte entstehen und ausgelesen werden vor allem dann, wenn in den großen Kommunen, wie in den Vereinigten Staaten überall da, wo man der Korruption ernstlich zu Leibe wollte, der plebiszitäre Stadtdiktator mit dem Recht, sich seine Bureaus selbständig zusammenzustellen, auf der Bildfläche erscheinen würde. Das würde eine auf solche Wahlen zugeschnittene Parteiorganisation bedingen. Aber die durchaus kleinbürgerliche Führerfeindschaft aller Parteien, mit Einschluß vor allem der Sozialdemokratie, läßt die künftige Art der Gestaltung der Parteien und damit all dieser Chancen noch ganz im Dunkel liegen.

Es ist daher heute noch in keiner Weise zu übersehen, wie sich äußerlich der Betrieb der Politik als »Beruf« gestalten wird, noch weniger infolgedessen: auf welchem Wege sich Chancen für politisch Begabte eröffnen, vor eine befriedigende politische Aufgabe gestellt zu werden. Für den, der »von« der Politik zu leben durch seine Vermögenslage genötigt ist, wird wohl immer die Alternative: Journalistik oder Parteibeamtenstellung als die typischen direkten Wege, oder eine der Interessenvertretungen: bei einer Gewerkschaft, Handelskammer, Landwirtschaftskammer, Handwerkskammer, Arbeitskammer, Arbeitgeberverbänden usw., oder geeignete kommunale Stellungen in Betracht kommen. Weiteres läßt sich über die äußere Seite nichts sagen als nur dies: daß der Parteibeamte mit dem Journalisten das Odium der »Deklassiertheit« trägt. »Lohnschreiber« dort – »Lohnredner« hier wird es leider immer, sei es noch so unausgesprochen, in die Ohren klingen; wer dagegen innerlich wehrlos ist und sich selbst nicht die richtige Antwort zu geben vermag, bleibe dieser Laufbahn fern, die in jedem Falle neben schweren Versuchungen ein Weg ist, der fortwährende Enttäuschungen bringen kann. Was vermag sie nun an inneren Freuden zu bieten, und welche persönlichen Vorbedingungen setzt sie bei dem voraus, der sich ihr zuwendet?

Nun, sie gewährt zunächst: Machtgefühl. Selbst in den formell bescheidenen Stellungen vermag den Berufspolitiker das Bewußtsein von Einfluß auf Menschen, von Teilnahme an der Macht über sie, vor allem aber: das Gefühl, einen Nervenstrang historisch wichtigen Geschehens mit in Händen zu halten, über den Alltag hinauszuheben. Aber die Frage ist nun für ihn: durch welche Qualitäten kann er hoffen, dieser (sei es auch im Einzelfall noch so eng umschriebenen) Macht und also der Verantwortung, die sie auf ihn legt, gerecht zu werden? Damit betreten wir das Gebiet ethischer Fragen; denn dahin gehört die Frage: was für ein Mensch man sein muß, um seine Hand in die Speichen des Rades der Geschichte legen zu dürfen.

Man kann sagen, daß drei Qualitäten vornehmlich entscheidend sind für den Politiker: Leidenschaft – Verantwortungsgefühl - Augenmaß. Leidenschaft im Sinn von *Sachlichkeit*: leidenschaftliche Hingabe an eine »Sache«, an den Gott oder Dämon, der ihr Gebieter ist. Nicht im Sinne jenes inneren Gebarens, welches mein verstorbener Freund Georg Simmel als »sterile Aufgeregtheit« zu bezeichnen pflegte, wie sie einem bestimmten Typus vor allem russischer Intellektueller (nicht etwa: allen von ihnen!) eignete und welches jetzt in diesem Karneval, den man mit den stolzen Namen einer »Revolution«schmückt, eine so große Rolle auch bei unsern Intellektuellen spielt: eine ins Leere verlaufende »Romantik des intellektuell Interessanten« ohne alles sachliche Verantwortungsgefühl. Denn mit der bloßen, als noch so echt empfundenen, Leidenschaft ist es freilich nicht getan. Sie macht nicht zum Politiker, wenn sie nicht, als Dienst in einer »Sache«, auch die *Verantwortlichkeit* gegenüber ebendieser Sache zum entscheidenden Leitstern des Handelns macht. Und dazu bedarf es – und das ist die entscheidende psychologische Qualität des Politikers – des *Augenmaßes*, der Fähigkeit, die Realitäten mit innerer Sammlung und Ruhe auf sich wirken zu lassen, also: der *Distanz* zu den Dingen und Menschen. »Distanzlosigkeit«, rein als solche, ist eine der Todsünden jedes Politikers und eine jener Qualitäten, deren Züchtung bei dem Nachwuchs unserer Intellektuellen sie zu politischer Unfähigkeit verurteilen wird. Denn das Problem ist eben: wie heiße Leidenschaft und kühles

Augenmaß miteinander in derselben Seele zusammengezwungen werden können? Politik wird mit dem Kopfe gemacht, nicht mit anderen Teilen des Körpers oder der Seele. Und doch kann die Hingabe an sie, wenn sie nicht ein frivoles intellektuelles Spiel, sondern menschlich echtes Handeln sein soll, nur aus Leidenschaft geboren und gespeist werden. Jene starke Bändigung der Seele aber, die den leidenschaftlichen Politiker auszeichnet und ihn von den bloßen »steril aufgeregten« politischen Dilettanten unterscheidet, ist nur durch die Gewöhnung an Distanz – in jedem Sinn des Wortes – möglich. Die »Stärke« einer politischen »Persönlichkeit« bedeutet in allererster Linie den Besitz dieser Qualitäten.

Einen ganz trivialen, allzu menschlichen Feind hat daher der Politiker täglich und stündlich in sich zu überwinden: die ganz gemeine *Eitelkeit*, die Todfeindin aller sachlichen Hingabe und aller Distanz, in diesem Fall: der Distanz, sich selbst gegenüber.

Eitelkeit ist eine sehr verbreitete Eigenschaft, und vielleicht ist niemand ganz frei davon. Und in akademischen und Gelehrtenkreisen ist sie eine Art von Berufskrankheit. Aber gerade beim Gelehrten ist sie, so antipathisch sie sich äußern mag, relativ harmlos in dem Sinn: daß sie in aller Regel den wissenschaftlichen Betrieb nicht stört. Ganz anders beim Politiker. Er arbeitet mit dem Streben nach *Macht* als unvermeidlichem Mittel. »Machtinstinkt« – wie man sich auszudrücken pflegt – gehört daher in der Tat zu seinen normalen Qualitäten. – Die Sünde gegen den heiligen Geist seines Berufs aber beginnt da, wo dieses Machtstreben *unsachlich* und ein Gegenstand rein persönlicher Selbstberauschung wird, anstatt ausschließlich in den Dienst der »Sache« zu treten. Denn es gibt letztlich nur zwei Arten von Todsünden auf dem Gebiet der Politik: Unsachlichkeit und – oft, aber nicht immer, damit identisch – Verantwortungslosigkeit. Die Eitelkeit: das Bedürfnis, selbst möglichst sichtbar in den Vordergrund zu treten, führt den Politiker am stärksten in Versuchung, eine von beiden, oder beide zu begehen. Um so mehr, als der Demagoge auf »Wirkung« zu rechnen gezwungen ist, – er ist eben deshalb stets in Gefahr, sowohl zum Schauspieler zu werden wie die Verantwortung für die Folgen seines Tuns leicht zu nehmen und nur nach dem »Eindruck« zu fragen, den er macht. Seine Unsachlichkeit legt ihm nahe, den glänzenden Schein der Macht statt der wirklichen Macht zu erstreben, seine Verantwortungslosigkeit aber: die Macht lediglich um ihrer selbst willen, ohne inhaltlichen Zweck, zu genießen. Denn obwohl, oder vielmehr: gerade *weil* Macht das unvermeidliche Mittel, und Machtstreben daher eine der treibenden Kräfte aller Politik ist, gibt es keine verderblichere Verzerrung der politischen Kraft, als das parvenümäßige Bramarbasieren mit Macht und die eitle Selbstbespiegelung in dem Gefühl der Macht, überhaupt jede Anbetung der Macht rein als solcher. Der bloße »Machtpolitiker«, wie ihn ein auch bei uns eifrig betriebener Kult zu verklären sucht, mag stark wirken, aber er wirkt in der Tat ins Leere und Sinnlose. Darin haben die Kritiker der »Machtpolitik« vollkommen recht. An dem plötzlichen inneren Zusammenbruche typischer Träger dieser Gesinnung haben wir erleben können, welche innere Schwäche und Ohnmacht sich hinter dieser protzigen, aber gänzlich leeren Geste verbirgt. Sie ist Produkt einer höchst dürftigen und oberflächlichen Blasiertheit gegenüber dem *Sinn* menschlichen Handelns, welche keinerlei Verwandtschaft hat mit dem Wissen um die Tragik, in die alles Tun, zumal aber das politische Tun, in Wahrheit verflochten ist.

Es ist durchaus wahr und eine – jetzt hier nicht näher zu begründende – Grundtatsache aller Geschichte, daß das schließliche Resultat politischen Handelns oft, nein: geradezu regelmäßig, in völlig unadäquatem, oft in geradezu paradoxem Verhältnis zu seinem ursprünglichen Sinn steht. Aber deshalb darf dieser Sinn: der Dienst an einer *Sache*, doch nicht etwa fehlen, wenn anders das Handeln inneren Halt haben soll. *Wie* die Sache auszusehen hat, in deren Dienst der Politiker Macht erstrebt und Macht verwendet, ist Glaubenssache. Es kann nationalen oder menschheitlichen, sozialen und ethischen oder kulturlichen, innerweltlichen oder religiösen Zielen dienen, er kann getragen sein von starkem Glauben an den »Fortschritt« – gleichviel in welchem Sinn – oder aber diese Art von Glauben kühl ablehnen, kann im Dienst einer »Idee« zu stehen beanspruchen oder unter prinzipieller Ablehnung dieses Anspruches äußeren Zielen des Alltagslebens dienen wollen, – immer muß irgendein Glaube *da* sein. Sonst lastet in der

Tat – das ist völlig richtig – der Fluch kreatürlicher Nichtigkeit auch auf den äußerlich stärksten politischen Erfolgen.

Mit dem Gesagten sind wir schon in der Erörterung des letzten uns heute abend angehenden Problems begriffen: des *Ethos* der Politik als »Sache«. Welchen Beruf kann sie selbst, ganz unabhängig von ihren Zielen, innerhalb der sittlichen Gesamtökonomie der Lebensführung ausfüllen? Welches ist, sozusagen, der ethische Ort, an dem sie beheimatet ist? Da stoßen nun freilich letzte Weltanschauungen aufeinander, zwischen denen schließlich *gewählt* werden muß. Gehen wir resolut an das neuerdings wieder – nach meiner Ansicht in recht verkehrter Art – aufgerollte Problem heran.

Befreien wir es aber zunächst von einer ganz trivialen Verfälschung. Es kann nämlich zunächst die Ethik auftreten in einer sittlich höchst fatalen Rolle. Nehmen wir Beispiele. Sie werden selten finden, daß ein Mann, dessen Liebe sich von einer Frau ab- und einer andern zuwendet, nicht das Bedürfnis empfindet, dies dadurch vor sich selbst zu legitimieren, daß er sagt: sie war meiner Liebe nicht wert, oder sie hat mich enttäuscht, oder was dergleichen »Gründe« mehr sind. Eine Unritterlichkeit, die zu dem schlichten Schicksal: daß er sie nicht mehr liebt, und daß die Frau das tragen muß, in tiefer Unritterlichkeit sich eine »Legitimität« hinzudichtet, kraft deren er für sich ein Recht in Anspruch nimmt und zu dem Unglück noch das Unrecht auf sie zu wälzen trachtet. Ganz ebenso verfährt der erfolgreiche erotische Konkurrent: der Gegner muß der wertlosere sein, sonst wäre er nicht unterlegen. Nichts anderes ist es aber selbstverständlich, wenn nach irgendeinem siegreichen Krieg der Sieger in würdeloser Rechthaberei beansprucht: ich siegte, denn ich hatte recht. Oder, wenn jemand unter den Fürchterlichkeiten des Krieges seelisch zusammenbricht und nun, anstatt schlicht zu sagen: es war eben zu viel, jetzt das Bedürfnis empfindet, seine Kriegsmüdigkeit vor sich selbst zu legitimieren, indem er die Empfindung substituiert: ich konnte das deshalb nicht ertragen, weil ich für eine sittlich schlechte Sache fechten mußte. Und ebenso bei dem im Kriege Besiegten. Statt nach alter Weiber Art nach einem Kriege nach dem »Schuldigen« zu suchen, – wo doch die Struktur der Gesellschaft den Krieg erzeugte –, wird jede männliche und herbe Haltung dem Feinde sagen: »Wir verloren den Krieg – ihr habt ihn gewonnen. Das ist nun erledigt: nun laßt uns darüber reden, welche Konsequenzen zu ziehen sind entsprechend den *sachlichen* Interessen, die im Spiel waren, und – die Hauptsache – angesichts der Verantwortung vor der *Zukunft*, die vor allem den Sieger belastet.« Alles andere ist würdelos und rächt sich. Verletzung ihrer Interessen verzeiht eine Nation, nicht aber Verletzung ihrer Ehre, am wenigsten eine solche durch pfäffische Rechthaberei. Jedes neue Dokument, das nach Jahrzehnten ans Licht kommt, läßt das würdelose Gezeter, den Haß und Zorn wieder aufleben, statt daß der Krieg mit seinem Ende wenigstens *sittlich* begraben würde. Das ist nur durch Sachlichkeit und Ritterlichkeit, vor allem nur: durch *Würde* möglich. Nie aber durch eine »Ethik«, die in Wahrheit eine Würdelosigkeit beider Seiten bedeutet. Anstatt sich um das zu kümmern, was den Politiker angeht: die Zukunft und die Verantwortung vor ihr, befaßt sie sich mit politisch sterilen, weil unaustragbaren Fragen der Schuld in der Vergangenheit. *Dies* zu tun, ist politische Schuld, wenn es irgendeine gibt. Und dabei wird überdies die unvermeidliche Verfälschung des ganzen Problems durch sehr materielle Interessen übersehen: Interessen des Siegers am höchstmöglichen Gewinn – moralischen und materiellen –, Hoffnungen des Besiegten darauf, durch Schuldbekenntnisse Vorteile einzuhandeln: wenn es irgend etwas gibt, was »gemein« ist, dann dies, und das ist die Folge dieser Art von Benutzung der »Ethik« als Mittel des »Rechthabens«.

Wie steht es denn aber mit der wirklichen Beziehung zwischen Ethik und Politik? Haben sie, wie man gelegentlich gesagt hat, gar nichts miteinander zu tun? Oder ist es umgekehrt richtig, daß »dieselbe« Ethik für das politische Handeln wie für jedes andre gelte? Man hat zuweilen geglaubt, zwischen diesen beiden Behauptungen bestehe eine ausschließliche Alternative; entweder die eine oder die andere sei richtig. Aber ist es denn wahr: daß für erotische und geschäftliche, familiäre und amtliche Beziehungen, für die Beziehungen zu Ehefrau, Gemüsefrau, Sohn, Konkurrenten, Freund, Angeklagten die inhaltlich *gleichen* Gebote von irgendeiner Ethik der Welt aufgestellt werden könnten? Sollte es wirklich für die ethischen Anforderungen an die Politik so gleichgültig sein, daß diese mit einem sehr spezifischen Mittel: Macht, hinter der *Gewaltsamkeit* steht, arbeitet? Sehen wir nicht, daß die bolschewistischen und spartakistischen Ideologen, eben weil sie dieses Mittel der Politik anwenden, genau die *gleichen* Resultate herbeiführen wie irgendein militaristischer Diktator? Wodurch als eben durch die Person der Gewalthaber und ihren Dilettantismus unterscheidet sich die Herrschaft der Arbeiter- und Soldatenräte von der eines beliebigen Machthabers des alten Regimes? Wodurch die Polemik der meisten Vertreter der vermeintlich neuen Ethik selbst gegen die von ihnen kritisierten Gegner von der irgendwelcher anderer Demagogen? Durch die edle Absicht! wird gesagt werden. Gut. Aber das Mittel ist es, wovon hier die Rede ist, und den Adel ihrer letzten Absichten nehmen die befehdeten Gegner mit voller subjektiver Ehrlichkeit ganz ebenso für sich in Anspruch. »Wer zum Schwert greift, wird durch das Schwert umkommen,« und Kampf ist überall Kampf. Also: – die Ethik der *Bergpredigt*? Mit der Bergpredigt – gemeint ist: die absolute Ethik des Evangeliums – ist es eine ernstere Sache, als die glauben, die diese Gebote heute gern zitieren. Mit ihr ist nicht zu spaßen. Von ihr gilt, was man von der Kausalität in der Wissenschaft gesagt hat: sie ist kein Fiaker, den man beliebig halten lassen kann, um nach Befinden ein- und auszusteigen. Sondern: ganz *oder* gar nicht, *das* gerade ist ihr Sinn, wenn etwas anderes als Trivialitäten herauskommen soll. Also z. B.: der reiche Jüngling: »er aber ging traurig davon, denn er hatte viele Güter«. Das evangelische Gebot ist unbedingt und eindeutig: gib her, was du hast – *alles*, schlechthin. Der Politiker wird sagen: eine sozial sinnlose Zumutung, solange es nicht für *alle* durchgesetzt wird. Also: Besteuerung, Wegsteuerung, Konfiskation, – mit einem Wort: Zwang und Ordnung gegen *alle*. Das ethische Gebot aber fragt danach *gar nicht*, das ist sein Wesen. Oder: »halte den anderen Backen hin!« Unbedingt, ohne zu fragen, wieso es dem anderen zukommt, zu schlagen. Eine Ethik der Würdelosigkeit – außer: für einen Heiligen. Das ist es: man muß ein Heiliger sein in *allem*, zum mindesten dem Wollen nach, muß leben wie Jesus, die Apostel, der heilige Franz und seinesgleichen, *dann* ist diese Ethik sinnvoll und Ausdruck einer Würde. *Sonst nicht.* Denn wenn es in Konsequenz der akosmistischen Liebesethik heißt: »dem Übel nicht widerstehen mit Gewalt«, – so gilt für den Politiker umgekehrt der Satz: du *sollst* dem Übel gewaltsam widerstehen, sonst – bist du für seine Überhandnahme *verantwortlich*. Wer nach der Ethik des Evangeliums handeln will, der enthalte sich der Streiks – denn sie sind: Zwang – und gehe in die gelben Gewerkschaften. Er rede aber vor allen Dingen nicht von »Revolution«. Denn jene Ethik will doch wohl nicht lehren: daß gerade der Bürgerkrieg der einzig legitime Krieg sei. Der nach dem Evangelium handelnde Pazifist wird die Waffen ablehnen oder fortwerfen, wie es in Deutschland empfohlen wurde, als ethische Pflicht, um dem Krieg und damit: jedem Krieg, ein Ende zu machen. Der Politiker wird sagen: das einzig sichere Mittel, den Krieg für alle *absehbare* Zeit zu diskreditieren, wäre ein status-quo-Friede gewesen. Dann hätten sich die Völker gefragt: wozu war der Krieg? Er wäre ad absurdum geführt gewesen, – was jetzt nicht möglich ist. Denn für die Sieger – mindestens für einen Teil von ihnen – wird er sich politisch rentiert haben. Und dafür ist jenes Verhalten verantwortlich, das uns jeden Widerstand unmöglich machte. Nun wird – wenn die Ermattungsepoche vorbei sein wird – *der Frieden diskreditiert sein, nicht der Krieg*: eine Folge der absoluten Ethik.

Endlich: die Wahrheitspflicht. Sie ist für die absolute Ethik unbedingt. Also, hat man gefolgert: Publikation aller, vor allem der das eigne Land belastenden Dokumente und auf Grund dieser einseitigen Publikation: Schuldbekenntnis, einseitig, bedingungslos, ohne Rücksicht auf die Folgen. Der Politiker wird finden, daß im Erfolg dadurch die Wahrheit nicht gefördert, sondern durch Mißbrauch und Entfesselung von Leidenschaft sicher verdunkelt wird; daß nur eine allseitige planmäßige Feststellung durch Unparteiische Frucht bringen könnte, jedes andre Vorgehen für die Nation, die derartig verfährt, Folgen haben kann, die in Jahrzehnten nicht wieder gut zu machen sind. Aber nach »Folgen« *fragt* eben die absolute Ethik nicht.

Da liegt der entscheidende Punkt. Wir müssen uns klar machen, daß alles ethisch orientierte Handeln unter *zwei* voneinander grundverschiedenen, unaustragbar gegensätzlichen Maximen stehen kann: es kann »gesinnungsethisch« oder »veranwortungsethisch« orientiert sein. Nicht daß Gesinnungsethik mit Verantwortungslosigkeit und Verantwortungsethik mit Gesinnungslosigkeit identisch wäre. Davon ist natürlich keine Rede. Aber es ist ein abgrundtiefer Gegensatz, ob man unter der gesinnungsethischen Maxime handelt – religiös geredet –: »der Christ tut recht und stellt den Erfolg Gott anheim«, *oder* unter der verantwortungsethischen: daß man für die (voraussehbaren) *Folgen* seines Handelns aufzukommen hat. Sie mögen einem überzeugten gesinnungsethischen Syndikalisten noch so überzeugend darlegen: daß die Folgen seines Tuns die Steigerung der Chancen der Reaktion, gesteigerte Bedrückung seiner Klasse, Hemmung ihres Aufstiegs sein werden, – und es wird auf ihn gar keinen Eindruck machen. Wenn die Folgen einer aus reiner Gesinnung fließenden Handlung üble sind, so gilt ihm nicht der Handelnde, sondern die Welt dafür verantwortlich, die Dummheit der anderen Menschen oder – der Wille des Gottes, der sie so schuf. Der Verantwortungsethiker dagegen rechnet mit eben jenen durchschnittlichen Defekten der Menschen, – er hat, wie Fichte richtig gesagt hat, gar kein Recht, ihre Güte und Vollkommenheit vorauszusetzen, er fühlt sich nicht in der Lage, die Folgen eigenen Tuns, soweit er sie voraussehen konnte, auf andere abzuwälzen. Er wird sagen: diese Folgen werden meinem Tun zugerechnet. »Verantwortlich« fühlt sich der Gesinnungsethiker nur dafür, daß die Flamme der reinen Gesinnung, die Flamme z. B. des Protestes gegen die Ungerechtigkeit der sozialen Ordnung, nicht erlischt. Sie stets neu anzufachen, ist der Zweck seiner, vom möglichen Erfolg her beurteilt, ganz irrationalen Taten, die nur exemplarischen Wert haben können und sollen.

Aber auch damit ist das Problem noch nicht zu Ende. Keine Ethik der Welt kommt um die Tatsache herum, daß die Erreichung »guter« Zwecke in zahlreichen Fällen daran gebunden ist, daß man sittlich bedenkliche oder mindestens gefährliche Mittel und die Möglichkeit oder auch die Wahrscheinlichkeit übler Nebenerfolge mit in den Kauf nimmt, und keine Ethik der Welt kann ergeben: wann und in welchem Umfang der ethisch gute Zweck die ethisch gefährlichen Mittel und Nebenerfolge »heiligt«.

Für die Politik ist das entscheidende Mittel: die Gewaltsamkeit, und wie groß die Tragweite der Spannung zwischen Mittel und Zweck, ethisch angesehen, ist, mögen Sie daraus entnehmen, daß, wie jedermann weiß, sich die revolutionären Sozialisten (Zimmerwalder Richtung) schon während des Krieges zu dem Prinzip bekannten, welches man dahin prägnant formulieren konnte: »Wenn wir vor der Wahl stehen, entweder noch einige Jahre Krieg und dann Revolution oder jetzt Friede und keine Revolution, so wählen wir noch: einige Jahre Krieg!« Auf die weitere Frage: »Was kann diese Revolution mit sich bringen?« würde jeder wissenschaftlich geschulte Sozialist geantwortet haben: daß von einem Übergang zu einer Wirtschaft, die man sozialistisch nennen könnte in *seinem* Sinne, keine Rede sei, sondern daß eben wieder eine Bourgeoisiewirtschaft entstehen würde, die nur die feudalen Elemente und dynastischen Reste abgestreift haben könnte. – Für dies bescheidene Resultat also: »noch einige Jahre Krieg«! Man wird doch wohl sagen dürfen, daß man hier auch bei sehr handfest sozialistischer Überzeugung den Zweck ablehnen könne, der derartige Mittel erfordert. Beim Bolschewismus und Spartakismus, überhaupt bei jeder Art von revolutionärem Sozialismus, liegt aber die Sache genau ebenso, und es ist natürlich höchst lächerlich, wenn von dieser Seite die »Gewaltpolitiker« des alten Regimes wegen der Anwendung des gleichen Mittels *sittlich* verworfen werden, – so durchaus berechtigt die Ablehnung ihrer *Ziele* sein mag.

Hier, an diesem Problem der Heiligung der Mittel durch den Zweck, scheint nun auch die Gesinnungsethik überhaupt scheitern zu müssen. Und in der Tat hat sie logischerweise nur die Möglichkeit: *jedes* Handeln, welches sittlich gefährliche Mittel anwendet, zu *verwerfen*. Logischerweise. In der Welt der Realitäten machen wir freilich stets erneut die Erfahrung, daß der Gesinnungsethiker plötzlich umschlägt in den chiliastischen Propheten, daß z. B. diejenigen, die soeben »Liebe gegen Gewalt« gepredigt haben, im nächsten Augenblick zur Gewalt aufrufen, – zur *letzten* Gewalt, die dann den Zustand der Vernichtung *aller* Gewaltsamkeit bringen würde, – wie unsere Militärs den Soldaten bei jeder Offensive sagten: es sei die letzte, sie werde den Sieg und dann den Frieden bringen. Der Gesinnungsethiker erträgt die ethische Irrationalität der Welt nicht. Er ist kosmisch-ethischer »Rationalist«. Sie erinnern sich, jeder von Ihnen, der Dostojewski kennt, der Szene mit dem Großinquisitor, wo das Problem treffend auseinandergelegt ist. Es ist nicht möglich, Gesinnungsethik und Verantwortungsethik unter einen Hut zu bringen oder ethisch zu dekretieren: welcher Zweck *welches* Mittel heiligen solle, wenn man diesem Prinzip überhaupt irgendwelche Konzessionen macht.

Der von mir der zweifellosen Lauterkeit seiner Gesinnung nach persönlich hochgeschätzte, als Politiker freilich unbedingt abgelehnte Kollege *F. W. Förster* glaubt, in seinem Buch um die Schwierigkeit herumzukommen durch die einfache These: aus Gutem kann nur Gutes, aus Bösem nur Böses folgen. Dann existierte freilich diese ganze Problematik nicht. Aber es ist doch erstaunlich, daß 2500 Jahre nach den Upanischaden eine solche These noch das Licht der Welt erblicken konnte. Nicht nur der ganze Verlauf der Weltgeschichte, sondern jede rückhaltlose Prüfung der Alltagserfahrung sagt ja das Gegenteil. Die Entwicklung aller Religionen der Erde beruht ja darauf, daß das Gegenteil wahr ist. Das uralte Problem der Theodicee ist ja die Frage: Wie kommt es, daß eine Macht, die als zugleich allmächtig und gütig hingestellt wird, eine derartig irrationale Welt des unverdienten Leidens, des ungestraften Unrechts und der unverbesserlichen Dummheit hat erschaffen können. Entweder ist sie das eine nicht oder das andere nicht, oder es regieren gänzlich andere Ausgleichs- und Vergeltungsprinzipien das Leben, solche, die wir metaphysisch deuten können oder auch solche, die unserer Deutung für immer entzogen sind. Dies Problem: die Erfahrung von der Irrationalität der Welt war ja die treibende Kraft aller Religionsentwicklung. Die indische Karmanlehre und der persische Dualismus, die Erbsünde, die Prädestination und der Deus absconditus sind alle aus dieser Erfahrung herausgewachsen. Auch die alten Christen wußten sehr genau, daß die Welt von Dämonen regiert sei, und daß, wer mit der Politik, das heißt: mit Macht und Gewaltsamkeit als Mitteln, sich einläßt, mit diabolischen Mächten einen Pakt schließt, und daß für sein Handeln es *nicht* wahr ist: daß aus Gutem nur Gutes, aus Bösem nur Böses kommen könne, sondern oft das Gegenteil. Wer das nicht sieht, ist in der Tat politisch ein Kind.

Die religiöse Ethik hat sich mit der Tatsache, daß wir in verschiedene, untereinander verschiedenen Gesetzen unterstehende Lebensordnungen hineingestellt sind, verschieden abgefunden. Der hellenische Polytheismus opferte der Aphrodite ebenso wie der Hera, dem Dionysos wie dem Apollon und wußte: sie lagen untereinander nicht selten im Streit. Die hinduistische Lebensordnung machte jeden der verschiedenen Berufe zum Gegenstand eines besonderen ethischen Gesetzes, eines Dharma, und schied sie kastenmäßig für immer voneinander, stellte sie dabei in eine feste Ranghierarchie, aus der es für den Hieringeborenen kein Entrinnen gab, außer in der Wiedergeburt im nächsten Leben und stellte sie dadurch in verschieden große Distanz zu den höchsten religiösen Heilsgütern. So war es ihr möglich, das Dharma jeder einzelnen Kaste, von den Asketen und Brahmanen bis zu den Spitzbuben und Dirnen, den immanenten Eigengesetzlichkeiten des Berufs entsprechend auszubauen. Darunter auch Krieg und Politik. Die Einordnung des Krieges in die Gesamtheit der Lebensordnungen finden Sie vollzogen im Bhagavadgita, in der Unterredung zwischen Krischna und Arduna. »Tue das notwendige« – d. h. das nach dem Dharma der Kriegskaste und ihren Regeln pflichtmäßige, dem Kriegszweck entsprechend sachlich notwendige – »Werk«: das schädigt das religiöse Heil nach diesem Glauben nicht, sondern dient ihm. Indras Himmel war dem indischen Krieger beim Heldentod von jeher ebenso sicher wie Walhall dem Germanen. Nirwana aber hätte jener ebenso verschmäht, wie dieser das christliche Paradies mit seinen Engelchören. Diese Spezialisierung der Ethik ermöglichte der indischen Ethik eine gänzlich ungebrochene, nur den Eigengesetzen der Politik folgende, ja diese radikal steigernde Behandlung dieser königlichen Kunst. Der wirklich radikale »Macchiavellismus« im populären Sinn dieses Wortes ist in der indischen Literatur im Kautaliya Arthasastra, (lange vorchristlich, angeblich aus Tschandva-guptas Zeit), klassisch vertreten; dagegen ist Macchiavellis »Principe« harmlos. In der katholischen Ethik, der Professor Förster sonst nahesteht, sind bekanntlich die »consilia evangelica« eine Sonderethik für die mit dem Charisma des heiligen Lebens begabten. Da steht neben dem Mönch, der kein Blut vergießen und keinen Erwerb suchen darf, der fromme Ritter und Bürger, die, der eine dies, der andere jenes, dürfen. Die Abstufung der Ethik und ihre Einfügung in einen Organismus der Heilslehre ist minder konsequent als in Indien, mußte und durfte dies auch nach den christlichen Glaubensvoraussetzungen sein. Die erbsündliche Verderbtheit der Welt gestattete eine Einfügung der Gewaltsamkeit in die Ethik als Zuchtmittel gegen die Sünde und die seelengefährdenden Ketzer relativ leicht. – Die rein gesinnungsethischen, akosmistischen Forderungen der Bergpredigt aber und das darauf ruhende religiöse Naturrecht als absolute Forderung behielten ihre revolutionierende Gewalt und traten in fast allen Zeiten sozialer Erschütterung mit elementarer Wucht auf den Plan. Sie schufen insbesondere die radikal-pazifistischen Sekten, deren eine in Pennsylvanien das Experiment eines nach außen gewaltlosen Staatswesens machte, – tragisch in seinem Verlauf insofern, als die Quäker, als der Unabhängigkeitskrieg ausbrach, für ihre Ideale, die er vertrat, nicht mit der Waffe eintreten konnten. – Der normale Protestantismus dagegen legitimierte den Staat, also: das Mittel der Gewaltsamkeit; als göttliche Einrichtung absolut und den legitimen Obrigkeitsstaat insbesondere. Die ethische Verantwortung für den Krieg nahm Luther dem Einzelnen ab und wälzte sie auf die Obrigkeit, der zu gehorchen in anderen Dingen als Glaubenssachen niemals schuldhaft sein konnte. Der Kalvinismus wieder kannte prinzipiell die Gewalt als Mittel der Glaubensverteidigung, also den Glaubenskrieg, der im Islam von Anfang an Lebenselement war. Man sieht: es ist durchaus *nicht* moderner, aus dem Heroenkult der Renaissance geborener Unglaube, der das Problem der politischen Ethik aufwirft. Alle Religionen haben damit gerungen, mit höchst verschiedenem Erfolg, – und nach dem Gesagten konnte es auch nicht anders sein. Das spezifische Mittel der *legitimen Gewaltsamkeit* rein als solches in der Hand menschlicher Verbände ist es, was die Besonderheit aller ethischen Probleme der Politik bedingt.

Wer immer mit diesem Mittel paktiert, zu welchen Zwecken immer – und jeder Politiker tut das –, der ist seinen spezifischen Konsequenzen ausgeliefert. In besonders hohem Maß ist es der Glaubenskämpfer, der religiöse wie der revolutionäre. Nehmen wir getrost die Gegenwart als Beispiel an. Wer die absolute Gerechtigkeit auf Erden mit *Gewalt* herstellen will, der bedarf dazu der Gefolgschaft: des menschlichen »Apparates«. Diesem muß er die nötigen inneren und äußeren Prämien – himmlischen oder irdischen Lohn – in Aussicht stellen, sonst funktioniert er nicht. Also innere: unter der Bedingung des modernen Klassenkampfes, Befriedigung des Hasses und der Rachsucht, vor allem: des Ressentiments und des Bedürfnisses nach pseudoethischer Rechthaberei, also des Verlästerungs- und Verketzerungsbedürfnisses gegen die Gegner. Äußere: Abenteuer, Sieg, Beute, Macht und Pfründen. Von dem Funktionieren dieses seines Apparates ist der Führer in seinem Erfolg völlig abhängig. Daher auch von *dessen* – nicht: von seinen eigenen – Motiven. Davon also, daß der Gefolgschaft: der roten Garde, den Spitzeln, den Agitatoren, deren er bedarf, jene Prämien *dauernd* gewährt werden können. Was er unter solchen Bedingungen seines Wirkens tatsächlich erreicht, steht daher nicht in seiner Hand, sondern ist ihm vorgeschrieben durch jene ethisch überwiegend gemeinen Motive des Handelns seiner Gefolgschaft, die nur im Zaum gehalten werden, solange ehrlicher Glaube an seine Person und seine Sache wenigstens einen Teil der Genossenschaft: wohl nie auf Erden auch nur die Mehrzahl, beseelt. Aber nicht nur ist dieser Glaube, auch wo er subjektiv ehrlich ist, in einem sehr großen Teil der Fälle in Wahrheit nur die ethische »Legitimierung« der Rache-, Macht-, Beute- und Pfründensucht: – darüber lassen wir uns nichts vorreden, denn die materialistische Geschichtsdeutung ist auch kein beliebig zu besteigender Fiaker und macht vor den Trägern von Revolutionen nicht halt! – sondern vor allem: der traditionalistische *Alltag* kommt nach der emotionalen Revolution, der Glaubensheld und vor allem der Glaube selbst schwindet oder wird – was noch wirksamer ist – Bestandteil der konventionellen Phrase der politischen Banausen und Techniker. Diese Entwicklung vollzieht sich gerade beim Glaubenskampf besonders schnell, weil er von echten *Führern*: Propheten der Revolution, geleitet oder inspiriert zu werden pflegt. Denn wie bei jedem Führerapparat, so auch hier ist die Entleerung und Versachlichung, die seelische Proletarisierung im Interesse der »Disziplin«, eine der Bedingungen des Erfolges. Die herrschend gewordene Gefolgschaft eines Glaubenskämpfers pflegt daher besonders leicht in eine ganz gewöhnliche Pfründnerschicht zu entarten.

Wer Politik überhaupt und wer vollends Politik als Beruf betreiben will, hat sich jener ethischen Paradoxien und seiner Verantwortung für das, was aus *ihm selbst* unter ihrem Druck werden kann, bewußt zu sein. Er läßt sich, ich wiederhole es, mit den diabolischen Mächten ein, die in jeder Gewaltsamkeit lauern. Die großen Virtuosen der akosmistischen Menschenliebe und Güte, mochten sie aus Nazareth oder aus Assisi oder aus indischen Königsschlössern stammen, haben nicht mit dem politischen Mittel: der Gewalt, gearbeitet, ihr Reich war »nicht von dieser Welt«, und doch wirkten und wirken sie in dieser Welt, und die Figuren des Platon Karatajew und der Dostojewskischen Heiligen sind immer noch ihre adäquatesten Nachkonstruktionen. Wer das Heil seiner Seele und die Rettung anderer Seelen sucht, der sucht das nicht auf dem Wege der Politik, die ganz andere Aufgaben hat: solche, die nur mit Gewalt zu lösen sind. Der Genius, oder Dämon der Politik lebt mit dem Gott der Liebe, auch mit dem Christengott in seiner kirchlichen Ausprägung, in einer inneren Spannung, die jederzeit in unaustragbarem Konflikt ausbrechen kann. Das wußten die Menschen auch in den Zeiten der Kirchenherrschaft. Wieder und wieder lag das Interdikt – und das bedeutete damals eine für die Menschen und ihr Seelenheil weit massivere Macht als die (mit Fichte zu reden) »kalte Billigung« des kantianischen ethischen Urteils – auf Florenz, die Bürger aber fochten gegen den Kirchenstaat. Und mit Bezug auf solche Situationen läßt Macchiavelli in einer schönen Stelle, irre ich nicht: der Florentiner Geschichten, einen seiner Helden jene Bürger preisen, denen die Größe der Vaterstadt höher stand als das Heil ihrer Seele.

Wenn Sie statt Vaterstadt oder »Vaterland«, was ja zurzeit nicht jedem ein eindeutiger Wert sein mag, sagen: »die Zukunft des Sozialismus« oder auch der »internationalen Befriedung«, – dann haben Sie das Problem in der Art, wie es jetzt liegt. Denn das alles, erstrebt durch *politisches* Handeln, welches mit gewaltsamen Mitteln und auf dem Wege der Verantwortungsethik arbeitet, gefährdet das »Heil der Seele«. Wenn ihm aber mit reiner Gesinnungsethik im Glaubenskampf nachgejagt wird, dann kann es Schaden leiden und diskreditiert werden auf Generationen hinaus, weil die Verantwortung für die *Folgen* fehlt. Denn dann bleiben dem Handelnden jene diabolischen Mächte, die im Spiel sind, unbewußt. Sie sind unerbittlich und schaffen Konsequenzen für sein Handeln, auch für ihn selbst innerlich, denen er hilflos preisgegeben ist, wenn er sie nicht sieht. »Der Teufel, der ist alt.« Und nicht die Jahre, nicht das Lebensalter ist bei dem Satz gemeint: »so werdet alt, ihn zu verstehen«. Mit dem Datum des Geburtsscheines bei Diskussionen überstochen zu werden, habe auch ich mir nie gefallen lassen; aber die bloße Tatsache, daß einer 20 Jahre zählt und ich über 50 bin, kann mich schließlich auch nicht veranlassen, zu meinen, das allein wäre eine Leistung, vor der ich in Ehrfurcht ersterbe. Nicht das Alter macht es. Aber allerdings: die geschulte Rücksichtslosigkeit des Blickes in die Realitäten des Lebens, und die Fähigkeit, sie zu ertragen und ihnen innerlich gewachsen zu sein.

Wahrlich: Politik wird zwar mit dem Kopf, aber ganz gewiß nicht *nur* mit dem Kopf gemacht. Darin haben die Gesinnungsethiker durchaus recht. Ob man aber als Gesinnungsethiker oder als Verantwortungsethiker handeln *soll*, und wann das eine und das andere, darüber kann man niemandem Vorschriften machen. Nur eins kann man sagen: wenn jetzt in diesen Zeiten einer, wie Sie glauben, *nicht* »sterilen« Aufgeregtheit – aber Aufgeregtheit ist eben doch und durchaus nicht immer echte Leidenschaft –, wenn da *plötzlich* die Gesinnungspolitiker massenhaft in das Kraut schießen mit der Parole: »die Welt ist dumm und gemein, nicht ich, die Verantwortung für die Folgen trifft nicht mich, sondern die anderen, in deren Dienst ich arbeite, und deren Dummheit oder Gemeinheit ich ausrotten werde«, so sage ich offen: daß ich zunächst einmal nach dem Maße des *inneren Schwergewichts* frage, was hinter dieser Gesinnungsethik steht, und den Eindruck habe: daß ich es in neun von zehn Fällen mit Windbeuteln zu tun habe, die nicht real fühlen, was sie auf sich nehmen, sondern sich an romantischen Sensationen berauschen. Das interessiert mich menschlich nicht sehr und erschüttert mich ganz und gar nicht. Während es unermeßlich erschütternd ist, wenn ein *reifer* Mensch – einerlei ob alt oder jung an Jahren –, der diese Verantwortung für die Folgen real und mit voller Seele empfindet und verantwortungsethisch handelt, an irgendeinem Punkte sagt: »ich kann nicht anders, hier stehe ich«. Das ist etwas, was menschlich echt ist und ergreift. Denn diese Lage muß freilich für *jeden* von uns, der nicht innerlich tot ist, irgendwann eintreten *können*. Insofern sind Gesinnungsethik und Verantwortungsethik nicht absolute Gegensätze, sondern Ergänzungen, die zusammen erst den echten Menschen ausmachen, den, der den »Beruf zur Politik« haben *kann*.

Und nun, verehrte Anwesende, wollen wir uns nach *zehn Jahren* über diesen Punkt einmal wieder sprechen. Wenn dann, wie ich leider befürchten muß, aus einer ganzen Reihe von Gründen, die Zeit der Reaktion längst hereingebrochen und von dem, was gewiß viele von Ihnen und, wie ich offen gestehe, auch ich gewünscht und gehofft haben, wenig, vielleicht nicht gerade nichts, aber wenigstens dem Scheine nach wenig in Erfüllung gegangen ist – das ist sehr wahrscheinlich, es wird mich nicht zerbrechen, aber es ist freilich eine innerliche Belastung, das zu wissen –, dann wünschte ich wohl zu sehen, was aus denjenigen von Ihnen, die jetzt sich als echte »Gesinnungspolitiker« fühlen und an dem Rausch teilnehmen, den diese Revolution bedeutet, – was aus denen im inneren Sinne es Wortes »geworden« ist. Es wäre ja schön, wenn die Sache so wäre, daß dann Shakespeares 102. Sonett gelten würde:

> *Damals war Lenz und unsere Liebe grün,*
> *Da grüßt' ich täglich sie mit meinem Sang,*
> *So schlägt die Nachtigall in Sommers Blühn –*
> *Und schweigt den Ton in reifrer Tage Gang.*

Aber so ist die Sache nicht. Nicht das Blühen des Sommers liegt vor uns, sondern zunächst eine Polarnacht von eisiger Finsternis und Härte, mag äußerlich jetzt siegen welche Gruppe auch immer. Denn: wo nichts ist, da hat nicht nur der Kaiser, sondern auch der Proletarier sein Recht verloren. Wenn diese Nacht langsam weichen wird, wer wird dann von denen noch leben, deren Lenz jetzt scheinbar so üppig geblüht hat? Und was wird aus Ihnen allen dann innerlich geworden sein? Verbitterung oder Banausentum, einfaches stumpfes Hinnehmen der Welt und des Berufes oder, das dritte und nicht Seltenste: mystische Weltflucht bei denen, welche die Gabe dafür haben, oder – oft und übel – sie als Mode sich anquälen? In jedem solchen Fall werde ich die Konsequenz ziehen: die sind ihrem eigenen Tun *nicht* gewachsen gewesen, *nicht* gewachsen auch der Welt, so wie sie wirklich ist, und ihrem Alltag: sie haben den Beruf zur Politik, den sie für sich in sich glaubten, objektiv und tatsächlich im innerlichsten Sinn nicht gehabt. Sie hätten besser getan, die Brüderlichkeit schlicht und einfach von Mensch zu Mensch zu pflegen und im übrigen rein sachlich an ihres Tages Arbeit zu wirken.

Die Politik bedeutet ein starkes langsames Bohren von harten Brettern mit Leidenschaft und Augenmaß zugleich. Es ist ja durchaus richtig, und alle geschichtliche Erfahrung bestätigt es, daß man das Mögliche nicht erreichte, wenn nicht immer wieder in der Welt nach dem Unmöglichen gegriffen worden wäre. Aber der, der das tun kann, muß ein Führer und nicht nur das, sondern auch – in einem sehr schlichten Wortsinn – ein Held sein. Und auch die, welche beides nicht sind, müssen sich wappnen mit jener Festigkeit des Herzens, die auch dem Scheitern aller Hoffnungen gewachsen ist, jetzt schon, sonst werden sie nicht imstande sein, auch nur durchzusetzen, was heute möglich ist. Nur wer sicher ist, daß er daran nicht zerbricht, wenn die Welt, von seinem Standpunkt aus gesehen, zu dumm oder zu gemein ist für das, was er ihr bieten will, daß er all dem gegenüber: »dennoch!« zu sagen vermag, nur der hat den »Beruf« zur Politik.

www.ingramcontent.com/pod-product-compliance
Lightning Source LLC
Chambersburg PA
CBHW050021230526
45470CB00003B/1073